馬《ま》木《き》葉《ば》クラブへおいでよ！

ーあるホースセラピーのかたちー

大田 仁美 OHTA SATOMI 著

共同文化社

はじめに

馬木葉クラブとの出会いは、北海道新聞（以下、道新）に掲載された小さな記事であった。

『障害者が乗馬　厩舎で世話も』『自信や責任感育てる』
釧路町別保で知的障害者向けのデイサービス事業を行っているNPO法人「馬木葉クラブ」が四月から、障害者向けの乗馬療育事業を始める。乗馬に加え、馬の世話なども行うのが特徴で、道障害者保健福祉課によると、障害者が乗馬を体験できる施設は釧根（釧路・根室）地域にもあるが、障害者が馬の世話までかかわるのは「道内でも聞いたことがない」という。（二〇〇六年三月十七日道新より抜粋）

記事のくくりには「ボランティアを募集」とある。私の馬仲間が、道新のニュースサイトの記事リンクをメールで送ってくれたものだが、ちょうど「今年は馬のいるところで一カ月くらいのんびりしたい」と考えていた矢先のこと。私は即座に、北海道行きを決めた。

馬木葉クラブの活動内容は、東京で障がい者乗馬の活動に携わっている私としては非常に興味深かった。障がい者乗馬というと、一般的には身体的な機能回復に目が向けられることが多いが、どちらかというとメンタル面への影響に日頃から着目していた私は、知的障がい者を中心としたこの施設なら気持ちや心の変化を大切にしているに違いない、そう思ったのだ。

道新に紹介されていた通り、馬木葉クラブは、馬とともに暮らす一風変わった障がい者福祉施設である。私が訪れたときは、知的障がい者の通所施設として運営されていた。三障害（身体・知的・精神）一体を唱える障害者自立支援法（以下、自立支援法）が二〇〇六年十月に施行されてからは、障がいの枠組みが外されたものの、実質的には今も知的障がいをもつ人が中心となって働いている。利用者自身が、馬をはじめとする動物たちの世話にあたることで自立性が促進される、国内では類を見ない作業所だ。道新の記事に触れたとき、私はこの方針に強く惹かれた。

「まるで、グリーン・チムニーズみたい！」

グリーン・チムニーズとは、アメリカにある施設である。障がい者福祉施設ではないが、さまざまな過去を持ち、心に傷を負ったり問題行動を起こす子どもたちが、動物たちと一緒に暮らし、世話をすることで心のトリートメントを図る児童自立支援施設のような場所だ。五十年の歴史を誇り、アニマルセラピーの世界では広く知られる存在である。子どもたちは、担当の動物と一対一の関係を築く中で、コミュニケーションの取り方を学んだり、自立心が芽生えたり、また動物のトレーニングを通じて成功体験を積んだり、自信を高めたりする。日本にも、プログラムの一環としてアニマルセラピーを取り入れるケースは増えているが、動物の世話を軸とする障がい者福祉施設はほぼ皆無といっていい。（注／フリースクールとしては「なみあし学園」が長く活動を続けている）

「こんな施設が日本にあるなんて！」

好奇心だけで、電話をかけた。

「そちら、ボランティアでしばらく働けますか？」

そう、私はインタビュアーとしてではなく、ひとりのボランティアとして、馬木葉クラブを訪れたのである。しかし、想像以上の理念の高さとその成果を目の当たりにし、より多くの人に馬木葉クラブの存在を、障がい者福祉施設としてのそのすばらしさを知ってもらいたく、筆を執った次第である。

もくじ

第二章　仕事も喜びも満載の一日

第三章　「馬木葉クラブ」に来てよかった！

第四章　馬の魅力やパワーがそこにはある

※本書に登場する人物の氏名は一部仮名となっています。

第一章　馬と暮らす「馬木葉クラブ」

国内に前例のないユニークな施設、馬木葉クラブは二〇〇五年に開所し、二〇〇六年春から本格始動した。現在、開所後三年半と比較的新しい施設なのだが、「馬と暮らす」という斬新なコンセプトとその独自性に、多くの人々がすでに魅了され始めている。

ただ、多くの問題をはらむ自立支援法の成立・施行という過渡期の中で誕生したこともあり、道のりは平坦ではなかった。行きつ戻りつ。つまずきもあった。今も、施設運営において試行錯誤を重ねている最中だ。

まずは、この個性的な馬木葉クラブが誕生した背景とその軌跡をたどってみたい。それには、発起人である前・施設長の真吾さん（起ち上げ時二十五歳）の話から始めよう。

前・施設長の理念から始まった

「これからの日本は、障がい者福祉施設に多様性が求められる」

自立支援法が導入されるずっと以前から、釧路市内の某デイセンターの職員だった真吾さんは、強く確信していた。支援費制度という行政サービス性の高い制度により、障がい者福祉施設が経営難に陥ることのなかった時代である。

とにかく利用者の無事故を一番とし、リスキーな活動や出費は控えるというのが、彼の働いていた現場の空気感だった。施設の在り方がそれだけでは何の発展性もない、と真吾さんは固く信じていた。

彼の意見は明快。障がい者は一般社会ともっと関わりを持つべきだし、互いに深く交わって然るべき。つまりノーマライゼーションの実現である。そのためには、施設が積極的に働きかけ、障がい者の方から社会に飛び出していく必要がある、というのだ。

「通常、障がい者が通う作業所というところは、内職のような仕事が多いです。一〜二円、あるいは一〜二銭といった単位で、下請け作業の末端というか、もっとも簡単な部類の作業をしているんです。新聞広告の折り込みとか、雑誌の付録の袋詰めとか。どんなに働いても収入はわずか。しかも作業する者の、つまり障がい者の存在が一般の消費者に伝わりにくい。働く姿やその結果が目に見える形で提供されなければ、当然、障がい者の生活や、障がいそのものへの理解に繋がらないし、もちろん社会自立にも一般雇用にも繋がらない」

たしかに、世の中のどれだけの人が、例えば新聞の折り込み広告を「障がい者の福祉施設で折り込まれたものかも」という意識で手に取っているだろうか。

もっと社会へのアピール度が高い仕事を、と真吾さんは当時の上司を説き伏せ、一般家庭の庭の草刈り仕事を請け負うことにした。近隣にポスティングをして、地道な宣伝を重ねるうちに、ぽつりぽつりと依頼がきた。そして、大半の人が「みんな、ずいぶん熱心に働いてくれるんだねぇ。おかげさまで、きれいになったよ」と仕事の出来映えを評価して、リピーターになってくれた。好意的な人々が増え、口コミの依頼もくるようになった。そして、仕事の幅が広がった。

「草刈りだけでなく、物置の整理もしてくれる？　というように、新しい仕事を提供してもらえることもありました」

世間に打って出ることにより、利用者たちの真面目でていねいな仕事ぶりが、正当に評価されたのだ。報酬をもらう上で仕事をまっとうするのは、当たり前のこと。しかし、「障がい者」というフィルターを通すと、仕事のクオリティをいかに過小評価されるかが、伝わってくるようなエピソードである。そして、その過小評価の上に、低額賃金のセオリーがまかり通る。

「ひょんなことから、町のスーパーでも働くようになりましたよ。子どもたちが遊ぶボールプール（水ではなくゴムボールで満たされたミニプール）のボールを磨いたりしてね」

不特定多数の人々が訪れるスーパーは、たとえ表舞台でなくても、利用者にとって理想的な環境だ。仕事ぶりを、より多くの人に認めてもらう絶好の機会となる。依頼主と利用者との間に面識ができて、交流が生まれる。そういう付き合いの中で、「障がい者」というフィルターが、徐々に取り払われていくものだ。

「スーパーでは、特売などの折り込みチラシを折る内職作業も請けました。日頃の仕事と何が違うのかというと、報酬！　直受だから中抜き業者がいなくて、報酬が断然よかったんです（笑）。これは施設の運営者として、いい勉強になりました」

利用者にとって、よりよい施設をめざし、真吾さんはほかにも次々と事業提案を出した。ところが、一介の職員でありながら意見やアイデアを絶えず上申する真吾さんは、実は、上司にとっては目の上のたんこぶだった。徐々に上司との確執が生まれることになる。

自立の一歩、休日を楽しむ！

一方、利用者のためを思って精根を尽くす真吾さんに、保護者からの信望は厚かった。真吾さんは日頃から、受け持ち担当のメンバーにとどまらず、施設の利用者たちと広く関わりを持って過ごしていたし、本人だけでなく保護者とのコミュニケーションも積極的にとっていたからだ。そのため、「余暇支援プロジェクト」という新事業を提案したときは、施設の上司の怪訝な対応にも係わらず、保護者たちの快諾を得られたたし、むしろずいぶんと応援してもらえた。

これは、休日に利用者を引率して、あちこちへ遊びに出かける活動のこと。当時、釧路には障がい者の余暇支援、つまりレジャーをサポートする活動団体がなかった。そこで、真吾さん自ら、休日返上で引率者となり、受け持ちのメンバーを中心に余暇支援活動を推進することにした。釧路は、少し足を延ばせば、山も川も海もある土地。希望者を募って、ハイキングでも釣りでも気軽に楽しむことができた。カヌー遊びや乗馬にも興じた。参加した利用者たちは、いつも大喜びで、充実した一日を送った。それまでは、休日に家族以外の人と遊びに出かけたことなどない人がほとんどである。

「障がい者というだけで、生活に制限がある。友だちと気軽に遊びに出かけられる環境にない人もずいぶんいます」

障がいを持つ人の余暇の話になると、真吾さんはがぜん言葉に熱を帯びる。

「たとえば、作業所などの福祉施設に通いもしないし、社会的な活動に参加もしない人は、現実にたくさんいます。そういう人が、どうやって過ごしているかって？　毎日毎日、家に閉じこもっているだけ。家族は、社会参画させる気なんてないんでしょうね。施設に通うことを、何かとお金がかかる、人間関係が面倒、と考えます。とても閉鎖的。東京みたいな大都市はともかく、これが釧路のような地方都市の実態ではないでしょうか。だから、たとえ施設利用者といえども、休日に仲間と遊びに出かけるなんてオープンな社会環境では決してないんです」

余暇支援の参加者の中には、他人と外出するどころか、家族と遊びに出かけることすら久しい人も少なくなかった。

「たいていの人は、買い物でも遊びでも、外出というと、とにかく親同伴。親が若いうちは、それでもいいかもしれない。でも、親だって年を重ねれば体力が落ちるから、子どもと頻繁に出かけるのが難しくなってきます。親が年をとればとるほど、親が出かけられないから子どもも出かけない、外出の機会が減る、という図式が生まれます」

休日に気軽に遊びに出かける。そんなごく当たり前の楽しみを、障がいがあるがために享受できないという状況を、真吾さんは憤懣やるかたないとずっと感じていた。楽しいこと、興味深いことのために、ひとりで社会へ飛び出す。これは、障がい者にかぎらず、自立への第一歩そのものだ。やがて余暇支援プロジェクトは、彼の本当の狙いへと突入する。

「このプロジェクトは、施設を母体とした事業だったし、重度障がいをもつ人も参加していたので、バスでの送迎を行っていました。だから、そのままバスを運転して、郊外へ出かけることが多かったんですね。でも時には、ボウリングしたい！　カラオケで歌いたい！　という声が上がり、リクエストに応えて、町で遊ぶことがありました。町中なら、送迎バスの必要ない人、いっぱいいるんですよ。自転車でも路線バスでも行ける距離なんだから。しかも、ボウリングしたいなどと自分からいい出すのは、体の自由がきく元気な人たち。そこであるとき、ボウリングは僕がいなくてもできるでしょ、自分たちだけで行けば、と提案してみました」

　余暇支援を経て、次は自分たちだけで出かける段階だ。真吾さんは、とうとう友だち同士で遊びに出かける環境づくりに着手した。

　まずは、家から仲間との待ち合わせ場所まで、ひとりで行く道順を各々でシミュレーション。駅へ行くには○番系統のバス、ショッピングセンターへ行くには○番系統のバス、自転車で行くならこの道、と仲間との待ち合わせ場所をいくつか想定し、そこまでのアクセスを各自で確認する。バス運賃の支払い方も練習した。みんなと合流さえできれば、仲間内でリードできる人がひっぱってくれるから、ひとりでは不安な人も心強い。

　あとは勇気をもって実行するのみ。みんな一度でも経験すればだいたい要領がわかるので、次から自信をもって挑めるようになった。

「アクセスの問題は、思いの外、スムーズにクリアしました。みんな、友だちと出かける！　という目的意識をはっきりもっていたから、道のりを覚えるのは早かったです。お互いに確認し合ったりしてね」

　そのうち応用が効くようになり、おのずと行動範囲も広がった。実際、自宅を中心とした路線バスの系統を把握するのは、それほど難しいことではない。それより、お金の精算である。

「ひとりでお金を持って出かけるなんてまるっきり初めてという人が多く、バスの運賃からお店の勘定まで、お金の支払い方の練習が大変でしたよ」と、真吾さんは当時を振り返って笑う。それでも、経験と慣れが解決してくれた。中には計算が苦手な人もいるが、一〇〇〇円札を出すようにする、支払う小銭の種類と数を分けておく、というように工夫を取り入れた。

それぞれに個性的な歌声を披露する大人気のカラオケ

「お金の支払い方をマスターしたら、カラオケだって買い物だって、もうみんなだけでどんどん出かけていくようになりましたよ」

友だちと休日に遊びに出かける。シンプルにして最高の娯楽だ。真吾さんは、家族の信頼と同意のもとに、この試みを成し遂げた。このとき彼の手ほどきを受けた面々は、現在、馬木葉クラブの主力メンバーとなって活躍している。だから馬木葉クラブのメンバーの休日は充実している。メンバー同士で連れだって、ショッピングでも、カラオケでも映画でも、祭りでもイベントでも、どこでも当たり前のように連れ立って出かけていく。最近では釧路駅に集合して、冬の名物「SL冬の湿原号」の旅を楽しんだ人たちもいるほどだ。

このように、施設で働いた四年間、真吾さんは精力的に活躍したし、それを評価する声も高かった。一方、上司とのぶつかり合いは絶えなかった。「改革意欲あふれる」一介の職員と、「保守的な」上司との確執は目に見えて高まり、組織の中で、彼はだんだん居心地が悪くなっていく。そうなると当然、気概も失せていく。

「みんなのために、という一心でがんばっていたけれど、正直いうと、だんだん逃げ出したくなっていきました」

この後、よき理解者や協力者に恵まれ、馬木葉クラブを立ち上げるわけだが、さもなければ故郷の深川（道央の町）に帰郷していたそうだ。

アニマルセラピーとの出会い

ここで、少し、真吾さんの生い立ちに触れてみたい。

真吾さんの母、百合子さんは、彼が子どもの頃から深川市で障がい者福祉の仕事をしていた。

今から十五年以上も前のこと。行政サービスはおそろしいほど立ち後れており、とくに、深川のような地方都市では、何においても機能の悪い時代だった。利用者のためを思って、役所にさまざまな提案をしたり対応を求めても、えてして事態は変わらず、現場の人々は私案で臨機応変に対処するのが常だった。

そんな中、百合子さんは、いろいろな事情を抱えた人たちを、日常的に自宅に招き入れた。いつも誰かが自宅に出入りしていた。とくに夏休みや盆正月といった施設の長期休暇中は、障がいを抱える人も、なぜかそうでない人も、何人もの人々と一緒に暮らした。ときには、年間を通じてずっと暮らし続ける人もいた。そうした生活の中で少年だった真吾さんは、対障がい者ではなく、対個人としての付き合いを身につけたそうだ。

「障がいの有無など関係なく、いつも家の中に誰かがいる。そういう家庭でした。子どもの頃からそんな風だから、とくに不思議にも思いませんでしたけど、今考えると、福祉事情がよくない時代に、自宅を開放してそうした行動を取った母はすごい。そして、その母の行動を認めて許容した父もすばらしかったと思います」

真吾さんにとって、障がいを持つ人々はとても身近な存在だったのだ。

「子どもながら、よく母の手伝いもしました。外出の引率とか。子どもが福祉現場の手伝いだなんて、今だったら考えられないですけどね」

福祉を勉強する以前から、福祉の世界にどっぷり浸かっていた少年時代。やがて、進路を考えるにあたって、彼は障がい者福祉の道を選ぶことになるのだが、母の背中を見て育ったのだから、これは当然の成り行きだったといえるかもしれない。そして専門学校に通う頃、アニマルセラピーを知る。

「子どもの頃から、みんなの生活には何か足りないみたい、と感じていました。それは、生活の中の喜びや楽しみでした。ちょうどドルフィンセラピーが流行ってて、テレビ番組でもアニマルセラピーがたびたび取り上げられていました。動物と触れあって生き生きとしている人たちの様子を見て、これだ！　と思いましたね」

そのうち、彼の興味はホースセラピーや障がい者乗馬に向く。障がい者乗馬とは、乗馬を通じて身体面や精神面に好影響をもたらすアクティビティである。

真吾さんは馬が好きだった。子どもの頃は、近所の農家の馬によくまたがったものだ。そう、ここ北海道は馬産地。馬と暮らすにはうってつけの土地である。将来の方向性をホースセラピーに絞り、障がい者乗馬の国内唯一のスクールだった、乗馬療育インストラクター養成学校（北海道浦河町。現在閉校）に入学。一年間、馬三昧の生活を送ることになった。

「その学校は、障がい者福祉施設を母体としていたので、毎日そこの利用者が乗馬をしにやって来ました。だから障がい者乗馬について、理論だけでなく、実践で学んだところが大きいです。自分自身の乗馬レッスンもカリキュラムに含まれていたし、学校の所有馬の世話もあるし、とにかく毎日、馬、また馬の生活でしたね」

ここで、彼はかけがえのない人とめぐり会う。後に馬木葉クラブの職員となる壮利《たけとし》さん、通称壮《たけ》さんだ。ふたりは、この一年でしっかりと友情を深め合った。ほんの数年後には、よきパートナーとして一緒に働くことになるなど、露とも思わずに……。

「いつの頃からか、ぼくには夢がありました。こぢんまりとした牧場を開き、障がい者もそうでない人も一緒に働きながら、みんなで乗馬を楽しんだりしてのんびり暮らすという。だから、いつも彼には、いつか牧場を開くからそのときは一緒に働こうね、って話してました」

馬木葉クラブ、スピードオープン

乗馬療育インストラクター養成学校を卒業後、真吾さんは、障がい者乗馬を活動に取り入れている旭川市内の障がい者福祉施設で働きだした。しかし、そこで行われていたのは、障がい者乗馬とは名ばかりの低レベルな活動。馬の適性にも、安全対策にも配慮しない活動内容に落胆し、すぐに辞職してしまった。

「けっきょく日本で行われている障がい者乗馬って、まだまだ発展途上で、活動内容にむらがあるんですね。とくに馬の世界でなく、福祉の世界からアプローチしている場合、なんとなく障がい者を馬に乗せてみてるだけというところも……。障がい者乗馬をうたっている施設はこりごり、という気分になりました。そして、こうなったらいつか自分自身で理想の施設をつくり上げよう、とそのとき強く思いました」

障がい者乗馬を取り入れた施設を築くという決意。夢物語の牧場計画が、ここにきてほんの少し現実味を帯びたといえる。

「そのためにも、しばらくは普通の施設で働いて、福祉施設の現場で基礎から勉強することにしたんです」

というわけで、今度は生活の拠点を釧路に移し、市内の某デイセンターの職員として再出発することに。

ところが、就職してみて気がついた。釧路の福祉社会そのものが、深川や旭川のレベルに至らず、自身の経験から見て過渡期であるということに。そして、先述のような新事業の試行が繰り返されることとなる。それに伴い、上司との関係はだんだんと悪化。四年も過ぎる頃には、潮時と感じるようになった。……いや、時が満ちたというべきかもしれない。

「そろそろ思い描いていた独自の施設づくりに向けて動き出そう、そう思い始めていました」

まだ漠然としたものだったが、馬がいて、利用者たちがその馬の世話をして、障がい者乗馬も行う。そうしたビジョンは、はっきりしていた。ただし当然、資金はない。しばらく稼ぎのいい仕事に就いてお金を貯めようと退職を心に決め、受け持ち担当のメンバーや保護者に、退職の意志を告げ始めた。すると、事態は思いがけない方向へと発展していったのだ。

「ご家族がこぞって、辞めないでくれというんですね。そのたびに、『いや、もう心に決めたから』と答えていたところ、あるとき、『君は、ここを辞めていったい何をしたいの？』と聞かれたんです。そこで、ぼくの夢……馬とともに暮らす施設の話をしたら、『その夢を今、この釧路で叶えよう！　資金は全面的にもつ！』といわれました。保護者の中から、土地の提供者も現れました。そんな施設がほしい、と賛成してくれる方が増え、なんだか、あれよあれよのうちに、話が現実化していったんです！」

保護者たちは決して、馬やアニマルセラピーに通じている人ばかりではない。むしろホースセラピーなんて言葉は初耳という人がほとんど。しかし、真吾さんの強い確信に、何か前向きな明るさを感じ、我が子の未来を託したくなったのではないだろうか。施設利用の当事者となる子どもたちの方は、なおさら新しい施設の意義も魅力もピンときていないわけで、この段階ではひとえに保護者の一存で、彼らの人生は大きく針路変更することとなる。

すべては、真吾さんがそれまでに築き上げてきた信頼があったからこそ。

とにかく急展開である。一年足らずの間に、すべての事が運んだ。

けっきょく利用者は、彼が受け持ち担当していたメンバーをはじめ、約十名集まった。真吾さんが馬のスペシャリストとして一目置いている親友の壮さんを、職員として釧路に呼び寄せることにもなった。今や馬木葉クラブをリードする存在の一恵《かずえ》さんを迎え入れることもできた。町はずれの山の中腹に十分な土地を確保し、活動用の建物と厩舎を新設。馬も一頭手に入れた。保護者たちが理事となって、NPO法人格を取得した。馬木葉クラブの誕生だ。

障がい者の社会生活において高い理想を掲げる真吾さんと、従来の福祉施設に物足りなさを感じていた利用者やその家族。全国に類を見ない、馬を養い育てる障がい者福祉施設は、彼らの強い信頼関係が結実したものである。

事業の三本柱は、馬・木・葉

馬木葉クラブ発足のきっかけは、「馬と暮らし、乗馬も楽しめる障がい者福祉施設」の実現だった。しかし、話が現実味を帯びるにつれて、具体的な事業案が必要になり、同時にいくつかの事業を兼務しないと施設として成り立たないことも明らかになってくる。

準備期間の二〇〇四年の時点で、すでに二〇〇六年から施行される自立支援法の話は関係者に伝わっていた。当時はまだ詳細は見えていなかったけれど、どうやら国の補助金が減らされ、施設に経営概念が求められるようになるらしい、というのはわかっていた。補助金を当てにできなくなると知りながら新しく施設を起こすのは不安があったが、最初からそうした状況を念頭において事業プランを立てられたのは、後から振り返ると有利に働いた。それまでのやり方を全面的に見直さなければならない既存の施設の中には、かなりの苦労を強いられたところが多々ある。世間で知られるように、閉鎖に追い込まれた施設も少なからずある。すでに確立しているスタイルを変えるのは、新しく組み立てるよりもずっと大変なことなのだ。

「まったくゼロからの出発は、かえってよかったみたい。築き上げたものがあると、そのシステムを変えていくのは本当に大変だから」

柱となるのは最初のコンセプト通り、馬がいて、障がい者乗馬を実施する施設。乗馬クラブという形をとって、障がい者に限らず一般の人にも施設を開放することに、保護者も職員も一致で賛成した。壮さんというスペシャリストがいるのだから、馬の世話もレッスン指導もまったく問題ない。

でもそれだけでは、施設の経営はまず成り立たない。そこで、土地を提供してくれた三田さんの畑を手伝うことになった。三田さんは、全面協力で畑を開放。農作物の売上げの一部を、馬木葉クラブが得られることになった。さらに山中という環境を生かし、苗木を育てる植林事業にも乗り出すことにした。

「馬」と「木」と「葉（農作物）」を育てる「まきば（牧場）」ということで、新施設は『馬木葉クラブ』と命名。語呂がよく、事業内容も伝わりやすく、親しみやすいネーミングと誰もが満足した。

毎日きりきり舞いだったが、なんとか二〇〇五年春には開所にこぎつけた。一〇〇〇万円近くも出資金を用意してくれたり、馬を飼育するのに十分な土地を提供してくれたり、法人化における理事を引き受けてくれたりと、すべては保護者の方々の全面的なサポートがあってのこと。こうして、真吾さんが夢見て、壮さんと語り合った施設が実現した。晴れ晴れしい馬木葉クラブのスタート。順風満帆だった。

にも係わらず、山の施設はわずか八カ月で閉所となる。あっというまに転居して、市街地に近い現在の場所で、リニューアルを果たすことに……。

きっかけは、農地法。おおむね設備を整えて、管轄の別保町の役所に施設開所の申請をした折、なんと、申請中の土地では農地法の規制により、乗馬クラブなどの事業運営ができないと知らされた。施設予定地はぐるりと畑に囲まれた、農地のど真ん中。農地外の方針での経済活動は認められないということだった。乗馬クラブとして会員を募ることはもちろん、働いているメンバーでさえも乗馬できないという。この点を役所で指摘されたときには、時すでに遅し。もう歯車は回り始めていた。施設も厩舎も新設し、馬も一頭すでに迎えていた。さすがに職員一同、泡を食った。

「渡りに船、と土地の提供話に乗って、とんとん拍子に前に進みすぎたかも。でも、後には引けないし……まぁ、気を取り直して、馬の世話をしながら畑仕事をがんばろう、ってとりあえず開所に至ったんですけどね」

この話になると職員一同、苦笑いだ。のんきな話だが、それでもなんとなく乗り切ってしまうあたり、さすが道民。悠々としている。

実をいえば、この問題については、翌二〇〇六年の農地法改正で解消され、その後は乗馬クラブを運営できるようになるということが、まもなくわかってくる。しかし、その頃には、別の諸問題が噴き出していた。人間関係がこじれ、金銭問題も絡み、馬木葉クラブ廃業の憂き目に……。

内部分裂でつまずいて

すべては、関係者それぞれの思惑の不一致かもしれない。馬木葉クラブは職員、保護者とも各々の立場から手探りで始めたプロジェクトだったから、そのプロセスの中で、ある種の内部分裂が生じたのだ。まず半年も経たないうちに、土地の提供者である三田さんとの関係がこじれ始めた。三田さんは知的障がいの息子を馬木葉クラブのメンバーにもつ、れっきとした保護者のひとりである。馬木葉クラブのためにとことん献身したがために、ほかの保護者たちとのバランスが徐々に崩れ、溝ができ始めてしまった。

「馬木葉クラブのために、あれこれ尽くしているんだ」

「馬木葉クラブのことで、これだけの時間を割いている」

月一回の保護者会で、三田さんから不平が出るようになり、保護者会はだんだんと不穏なムードが漂うように。三田さんは実際、馬木葉クラブのために私財をなげうって貢献してくれている。それを実感している馬木葉クラブの職員が、三田さんに同調すると、

「我々も、起ち上げのとき、ずいぶん協力したんだ」

「いったい、馬木葉クラブは誰の味方なんだ」

といった批判が保護者たちから飛んできた。こうした批判は決して悪意によるものではなかったのだが、保護者会がけんかムードになるたび、真吾さんは組織を立ち上げることの困難さを痛感したそうだ。

「馬木葉クラブをつくると母に報告したとき、喜んでもらえると思ったら、逆に猛反対されました。母も昔、同じように施設を立ち上げた経験があり、どれだけ大変なことかよく知っていたんですね。相当の覚悟が必要だといい渡されました。いざとなったらずいぶんと支えてくれたし、困ったときは必ずアドバイスをくれましたけどね」

やがて三田さんは、いよいよ「馬木葉クラブに出て行ってほしい」といい出し、三田さんの息子は馬木葉クラブを辞めた。やがて、内部の不穏な空気に、「こんなはずじゃなかった」と多額の出資をしてくれた代表理事が、失意のまま馬木葉クラブから手を引き、理事の座を降りた。馬木葉クラブのメンバーだった彼の息子も、同時に辞めた。馬木葉クラブは、頼みの後ろ盾たちをいっぺんに失い、いっきに心細くなった。

始まりは、馬木葉クラブを取り巻く人たちの良心と希望にあふれていた。しかし、現実社会の中で人の絆を守り抜くことは、想像よりはるかに難しかったのだ。みんなの心は、誤解と我見の中で乱れ、互いの信頼も失われ、明らかな亀裂が入っていった。

開所からわずか半年後。馬木葉クラブはいきなり苦境に立たされた。

心新たに再スタート！

強力な後ろ盾を失い、保護者たちからも不信感を向けられていた馬木葉クラブ。しかし、施設をあっさりと閉鎖するのは忍びない。そこで、自力で事業を続けようと、場所を変えて再出発することに決めた。早々に土地探しに着手。保護者たちに見放されたようで孤立無援の気持ちだったが、とにかく、メンバーたちが楽しく働いている馬木葉クラブを存続させるため、職員たちはメンバーに不安を悟られないよう、胆を据えて立ち回った。

というのも、こんな深刻な事情を抱える最中でも、現場はあくまで明るく楽しかったのだ。職員もメンバーも、お互い本当に仲がよく団結力あることが、そのときの職員の救いだった。ひたすら人間味にあふれ、温かい雰囲気なのが馬木葉クラブのいいところ。現在、馬木葉クラブに惹かれて集まってくる人々は、ボランティアも協力者も乗馬会員も、そんな温かさをひしと感じて、何度も足を運んでしまうのだろう。

やがて、職員たちは現在の場所を見つけ出す。町外れではあるが国道沿いでアクセスがよく、レストランの跡地とあって施設に流用できる建物が残されている。厩舎として使えるガレージも付いて、好条件。引き続き、再スタートに向けて駆けずり回る日々だ。お金がないから、施設も厩舎もハンドメイド仕上げ。仕事の合間に真吾さんと壮さんがこつこつと整備を進めた。折よく、大工仕事ならおまかせ、というボランティアさんがやってきて、嬉々として手伝ってくれたりして、着々と格好のいい牧場が仕上がっていった。この頃には、いくらか心の余裕が生まれ、自分たちの手で理想の施設を築き上げている感覚がなんとなく楽しくなっていた。

新天地への引っ越しは、暮れの押し迫った十二月末。四月の開所からわずか八カ月で、山の施設は慌ただしく幕を閉じたのだ。メンバーたちが一様に楽しんで通う姿を見ているので、保護者たちもなんとか付いてきてくれた。

「同じ轍《わだち》は踏まず、これからはみんなで仲よくやっていこう」

関係者はどこかにそんな共通意識を持っての、再スタートだ。

ここにきて、改めてわかったことがある。山の施設でひたすら畑仕事と馬の世話に明け暮れた日々が、結果的に、メンバーたちの修業期間になっていたということだ。畑仕事を通じて体力を付けつつ、馬の世話に集中したことで厩舎作業をばっちり習得できていた。いよいよ乗馬クラブをオープンする段には、各々のお役目をりっぱに果たせるまでに成長していたのだ。

今ではみんな、どんな作業道具でも余裕で使いこなせるように

というのも、当初のメンバーたちは驚くほど頼りなかった。壮さんが一日中メンバーたちに付いて作業のいろはを、まさに手取り足取り教えたのだが、そうせざるえないほど、メンバーたちは経験が浅く、頼りなかった。

「大丈夫かなー、この先？」

馬木葉クラブの開所にあたって釧路に呼び寄せられ、メンバーたちと初めて一緒に働いたときの壮さんの正直な感想である。

「みんな、道具の持ち方や使い方を知らないから、いつケガしてもおかしくない、危なっかしい感じ。だから、作業中はずーっと付きっきりでしたよ。作業効率を上げるとか、仕事の幅を広げるどころじゃなかったですよ」

そして、壮さんの熱血指導が始まった。彼の熱心で細やかな指導により、メンバーは着々と作業の腕前を上げていくことになる。もし馬木葉クラブが、開所時から順調に乗馬会員を受け入れる環境にあったら、壮さんはおそらく乗馬クラブの運営やお客さんの対応に追われ、作業の指導を十分にできなかったはずだ。メンバーにしっかりと向き合うことがままならず、みんなの成長にも支障をきたしただろう。環境が変わったことで、メンバーの成長ぶりを目の当たりにし、山の施設の八カ月が無駄ではなかったことを実感して、職員一同、感慨を覚えた。

引っ越し直後に、新年を迎えた馬木葉クラブ。釧路は雪があまり降らず積雪量も少ないとはいえ、冬の寒さは厳しく、ぴんと空気がはりつめて町全体が深閑とする。冬の間は来客もないから、当面はのんびり準備期間とし、職員たちはメンバーに寄り添って過ごした。

やがて季節がめぐり、春がきたら、ようやく本気で事業開始。障がい者であっても乗馬を楽しめる念願の施設が、ようやくオープンするのだ。一同わくわくした気分で、春を心待ちにした。

地元密着型の乗馬クラブ

リニューアルした馬木葉クラブは、今度こそは法整備も万全にし、改めて乗馬クラブの体裁を整えた。職員と、そしてこのときにはメンバー全員の望みにもなっていた乗馬クラブの開設に、無事に到達することができたのだ。その名も、『乗馬クラブ　ケ・セラ』。

山の施設以上に十分なスペースに恵まれ、馬場も厩舎も二つずつ用意できたので、さっそく乗用馬をもう一頭増やした。同時にヤギやミニチュアホース、ミニブタなども仲間に加わり、施設内は一気ににぎやかで明るく、そして忙しくなった。

ここには、動物たちの提供主、『小師牧場《こもろ》』の功労が大きい。オーナーの小師信幸さんは、馬木葉クラブの活動に多大な理解を示し、乗用馬を手頃な値段で譲ってくれる強力サポーターだ。さらに、「ヤギとかブタとか、子どもたちに人気だよ」と、お客さんを喜ばせるための動物たちを無料で「レンタル」してくれたり、動物たちの日々の飼料を格安で用意してくれたりと、馬木葉クラブを全面的にバックアップしてくれている。移転に伴うドタバタの最中も、馬を通じて馬木葉クラブを温かく支え続けてくれた。馬木葉クラブは、小師さんなくしては成り立たないといえる。隣町、厚岸で息子と一緒に牧場を営む小師さんには、みんないつも恩義を感じ、親しみをもって「アニキ！」と呼ばせてもらっている。

小師さんは、なにしろ馬を通じた社会貢献に熱心な人である。それは、メンバーの吏央《りょう》くんのお父さんがとくによく知っている。十年以上昔、吏央くんのお父さんの郷里であり、小師牧場がある厚岸市の町興しイベントを行ったとき、小師さんは牧場を開放して、乗馬活動をもってイベントに参加した。そのときの積極的でまっすぐな姿が、「なんて、熱血な人なんだろう」と印象深かったそうだ。小師さんは、馬木葉クラブを支える強力サポーターになるべくしてなったのかもしれない。

とにかく、馬具も小物も、車椅子対応の乗降台も調えて、あとはお客さんを待つだけとなった馬木葉クラブ。理想的な施設にかぎりなく近づいた。

志を同じくする名コンビの真吾さん（左）と壮さん

実は、馬木葉クラブがめざすところは、障がいを抱える人が楽しめる乗馬活動だけではない。そこに、乗馬クラブという事業形態を取った意味がある。

馬木葉クラブにはもうひとつの狙いがあった。健常者にも乗馬の機会を広く提供し、近年人気が高まっている乗馬というアクティビティを普及し、その上で、障がい者乗馬を含むホースセラピーのよさを啓発することである。障がい者乗馬は、全国各地で活動が盛んになりつつあるが、それでもなお一般社会での認知度は低い。釧路のような地方都市ではなおさらだ。ならば布石を打とう。それが馬木葉クラブの大いなる目的だ。

北海道はいわずと知れた、日本屈指の馬産地である。競馬産業がメインとなっている今日の日本で、馬といえばサラブレッド。競馬好きならずとも、緑広がる牧草地で馬の群れが草をはむ日高や静内の風景がすぐに思い浮かばれるだろう。そのほか、あまり表立つことはないが、さくら肉（馬肉）産業も外せない。

いずれにしても馬たちは広い牧草地で大切に育てられている。北海道の人々にとっては、馬は「乗る」ものではなく「育てる」ものという意識が高い。

確かに道内には、乗馬クラブがたくさんあるが、その多くは内地（本州以南を北海道ではこう呼ぶ）の人間を視野に入れた運営を行っている。乗馬経験のない観光客に、それなりのコースをそれなりの料金で提供する観光牧場は数知れず。会員制クラブでも、北海道への移住者や出張による長期滞在者などを会員に抱えていることが多い。中には、定期的に「北海道まで馬に乗りにくる」内地在住の会員もいる。それだけ北海道は、馬のイメージが強く、馬好きにとっては憧憬の対象となっている土地である。

ただし、北海道の人々にとって、乗馬はあくまで贅沢な遊びだ。環境に恵まれるか、馬好きでもなければ、乗馬をたしなむ機会は案外と少ない。内地の人が思い描くような、気軽に乗馬して、広い牧場を駆けめぐる暮らしとは縁遠い。

そんな中、地元に密着した乗馬クラブを、と『乗馬クラブ　ケ・セラ』を立ち上げた馬木葉

国道沿いに掲げた「一月 3000 円乗り放題」をアピールする手作りの看板

クラブは、大変稀有な存在。というのも、入会金は一切無料。月会費三〇〇〇円で乗り放題、ビジター料金は四十五分レッスンが一〇〇〇円と、内地の人間なら開いた口がふさがらない、気前のよすぎる乗馬料金を設定しているのだ。

この破格の値段には根拠がある。三〇〇〇円は、馬木葉クラブのような授産型職業センター（就労継続支援B型）で働く障がい者の、ひと月の最低賃金。つまり、「馬に乗りたいと願うなら、障がい者福祉施設に通う人であっても、自分で稼いだお金で通うことができる」というコンセプトがあるのだ。もちろん、この破格の料金設定に、運営側の台所事情は苦しい。でもそこには、馬木葉クラブの強い想いが込められている。

すなわち、「誰もが、気軽に手軽に、乗馬の楽しみを、そして馬への親しみを！」

その根底には、健常者、障がい者問わず乗馬を楽しめる、つまり障がいの有無によらず、余暇を楽しめる社会の実現という大義がある。そのゴールに近づくためにも、一般と障がい者乗馬のお客さんを分け隔てしたくないから、料金は一律。

また、格安の乗馬料金によって一般客が増えれば、乗馬の普及に繋がるというのも理由のひとつだ。一般社会での乗馬の普及なくして、障がい者乗馬の普及はあり得ないのである。

最初は経営が苦しくても、釧路や近郊の人々が安く馬に乗れる『乗馬クラブ　ケ・セラ』の噂を聞きつけ、あっというまに地元の常連さんで賑わうに違いない！　と職員はみんな希望的

観測を抱いていた。オープン後しばらくはお客さんゼロの日が続くも、

「さあ、ここからどう盛り上がっていくか……」

職員は期待に胸をふくらませていた。

馬の魅力を知ってもらう

『乗馬クラブ　ケ・セラ』の実質的な幕開けは、オープン翌月の五月。ゴールデンウィークの三日間に、無料引き馬イベントを行ったのが初営業だった。

懸命な宣伝・告知の甲斐あり、オープンしたての町外れの施設には、予想以上の人が訪れてくれた。そして、このできあがったばかりの手づくりの馬場で、ひとときの乗馬を楽しんでくれた。売り上げはゼロだったけれど、

「これを機に馬に魅せられ、会員を志してくれる人が現れてくれればそれでいい！」

職員一同、そんな思いで、乗馬クラブらしい初の活動に気勢を上げながら、来訪者に多大な期待を寄せて奮闘した。

めでたいことに、ほどなくして『乗馬クラブ　ケ・セラ』に入会希望者が現れた。馬木葉クラブを紹介した地元新聞の小さな記事に目を留め、足を運んでくれたという。馬木葉クラブの雰囲気を気に入って、その場で入会を決めた。

初めての会員さんに、馬木葉クラブは沸き立った。毎週一回のレッスン日は、朝から職員全員が彼女を心待ちにし、メンバーにも失礼のないよう朝の会でいい渡すなど、いささかものものしいくらいだ。一番はりきったのは、壮さん。馬好きが増えることは喜ばしいし、およそ一年ぶりにレッスン指導できるのも個人的にうれしい。

が、それまでだった。以降、とんと新会員は増えない。ゴールデンウィークのイベント客が、馬に魅せられ、またすぐ訪れてくれるはずだったのに……。たちまちのうちにリピーターが増えて、忙しくなるはずだったのに……。読みの甘さに職員一同、『乗馬クラブ　ケ・セラ』の行く末を案じて、やきもきし始めた。

施設としては、馬を所有するからには、馬の事業できっちりと売上げを出さねば経営が成り立たないという台所事情がある。『乗馬クラブ　ケ・セラ』の運営如何によっては、馬木葉クラブそのものが立ちゆかなくなる可能性もある。馬を飼育するがゆえの経営難に陥って、破産するわけにいかない。馬木葉クラブは決心した。ここはひとつ、宣伝活動に力を入れねば！

馬木葉クラブは特色あふれるユニークな施設だけに、人々の興味を引きやすく、また人の輪も広がりやすい。ただし、なにぶん生まれたてほやほやのため、地元でも知名度が低い。

そこで、まず動いたのは、地域施設の職員との懇親会。他の施設の職員にアピールするなんて、一見すると合理的ではないが、まずは地元の同業者に馬木葉クラブがどんなところで何を行っているか肌で知ってもらい、よき理解者、よき協力者になってもらおうという狙いだ。とびきりのラム肉を用意して、ジンギスカンパーティーを計画した。もちろん乗馬体験付きである。

このときのお客さんは、クッキーやケーキ、手づくり小物や食器など、それぞれのオリジナル商品を馬木葉クラブで委託販売している施設のスタッフたち。つまり、日頃からお付き合いのある関係の人たちばかりだ。だから、気心が知れている。しかし、いわばそれまでの仲。お互いにそれ以上踏み込む機会はほとんどない。そこをあえて懐に入ってもらうのが目的だった。

施設見学や活動内容の説明を終えて、お楽しみのジンギスカンをほおばるうちに、みんなに笑顔が増え、和やかな雰囲気が場を満たし始めた。会話がほぐれ、釧路の福祉社会の現状や、それを憂慮する声、施設の在り方などについて、自然とディスカッションするように。

そこへきて、乗馬体験である。ほとんどの人が人生初の乗馬。馬の背をまたいだとたん、大の大人たちが目をきらきらと輝かせ、声を上げた。

「馬の上って高いのねー！」

「みんなを見下ろせて、いい気分だ」

「歩くとずいぶん揺れるんだなぁ」
「落っこちたら痛いんでしょ？　ちょっと怖いわね」
「うまくなったらどこにも掴まらずに乗れるだろ。たいしたもんだなぁ」
と、感想いろいろ。

乗り慣れない人が馬の背にまたがると、必ずある種の興奮、高揚がわき上がる。わくわくした楽しい気分になって、日頃、表情が固い人でも口元をほころばせたり、ちょっと恥ずかしそうに笑ったりする。逆に、怖いとか不安とかいった緊張感から、普段見せない素の顔になる人もいる。

障がいを抱えるがゆえに表情や表現力の乏しい人にとっても、この点、乗馬は効果的だ。乗馬中の我が子を見て、「こんな笑顔、見たことない！」という家族の声は、まったくもって珍しくない。そして、乗馬中の笑顔が、ゆっくりじんわり、日常生活へ広がってゆく。「乗馬＝楽しい」とだんだん理解し、乗馬の日を心待ちにして表情が明るくなる人もいれば、テレビに馬が映ったり、町中で馬のグッズや写真を見ると喜ぶ人もいる。生活に笑顔が増えるのは、本当にすばらしいことだ。

このときの宣伝活動が売上げに繋がるかどうかはさておき、という状況があいかわらず続くが、障がいを持つ人々のことを常に考えて暮らしている仲間の共感を得ることには成功した。以来、同業者での情報交換や、お互いの状況を知り合う機会も増えることとなる。

この後、ジンギスカンパーティーの参加者が、自分の施設の利用者たちを連れて体験乗馬にやって来たのは、わずか二週間後。大きな馬を目の当たりにして後ずさりする者、馬場の中に入るのを拒む者などもいたが、数名の利用者が乗馬に挑んだ。まずまずの出だしだ。

これを機に馬木葉クラブは、体験乗馬を精力的に行うようになった。福祉施設の利用者はもとより、地域の幼稚園の園児たちも乗馬を体験しにやってきた。夏休みシーズンともなると障がい者、一般客を問わず、体験乗馬が繰り返される。国道沿いに大きな看板を掲げてからは、引き馬一周二五〇円の広告を見た個人のお客さんが飛び込みで訪れるようにもなった。

会員数は、あいかわらず伸び悩むものの、職員たちは徐々に、乗馬クラブらしさを実感できるようになっていった。

新規事業のコンセプトは「絆」

一方、里に下りてきたことで、これまで励んできた畑仕事ができなくなってしまった。この辺り一帯は釧路湿原の延長にあり、耕作地にはまったく向かない土壌なのだ。もちろん、植林も不可能。あちらを立てればこちらが立たずで、「乗馬クラブの運営だけでは経営が成り立たない、事業の拡張を」という振り出しの問題に戻ってしまった。
しかし、大きな苦境を乗り越えた馬木葉クラブだ。それしきではへこたれないタフさを手に入れている。しからばと一計を案じ、お店を開くことにした。以前レストランだっただけに、建物内にはしゃれたカウンターバーやカフェスペースが残っている。国道に面した広いガラス窓からは、暖かい陽光が燦々《さんさん》と差し込み、窓辺に席を設ければ、陽だまりの中でゆっくりと腰を落ち着けてもらえる空間になりそうだ。乗馬を楽しんだり、馬や動物たちに会いに来たお客さんがひと息つけるように、喫茶店を開くことにした。

薫り高いコーヒーと手作りクッキーを召し上がれ！

その名も『喫茶　陽だまり』。
馬木葉クラブの職員は揃って、無類のコーヒー好き。
「そこらのカフェにまけない、とびきりのコーヒーを出そう！」
と、挽きたてのおいしいコーヒーを用意し、しかも豆を選べるセレクトメニューにした。

加えて、ちょっとしたおやつもメニューに加えることにした。でもただのサイドメニューでは、障がい者福祉施設としての馬木葉クラブらしさをアピールできない。そこで、地元の障がい者施設でつくられたクッキーを、メニューに取り入れてみた。『共同作業所すてっぷ』という釧路市の施設で焼いているクッキーや、隣町・厚岸の福祉施設『のんき村』でつくっているアイスクリーム、ソフトクリームなど。どちらも、「本当においしい!」と職員が太鼓判を押す絶品だ。『喫茶　陽だまり』で、そのおいしさを多くの人に味わってもらうことで、障がい者の働きの場についてより広く関心を持ってもらえれば、という狙いを含んだ試みだ。

『共同作業所すてっぷ』は釧路市の古参の施設で、十五年も前からクッキー販売を続けている。馬木葉クラブの開所にあたっては、大先輩として多くのアドバイスをくれた。

『のんき村』は広大な農場の中で、無農薬野菜とハーブを栽培する自然豊かな環境にある施設。牧場という理念を掲げる馬木葉クラブに、方針として通ずるところがあり、ともに合同イベントを行ったりする間柄だ。

どちらも仲間でありながら、よきライバルでもある。

通常、福祉施設では、よその施設の商品を積極的に紹介したり販売したりということはあまり行わない。

「でも、施設の立ち上げにあたって多くの人々の助けを借りる中で、業界の横の繋がりを大切にしたいと強く思うようになっていたんです」
と真吾さん。『喫茶　陽だまり』のメニューづくりは、そのひとつの現れであった。

新感覚の施設をめざして

地元の施設と連携を、という馬木葉クラブの試みは、『喫茶　陽だまり』にとどまらない。広い店内スペースを生かし、喫茶コーナーのほかに販売コーナー『ワークショップ　ひだまり』を設けることにしたのだ。そこには、地域のあらゆる施設の商品が並んでいる。壁には、各施設の紹介ポスターが貼られ、販売商品のバックグラウンドがわかるような工夫も添えている。

お店をもって委託販売を手広くやろうと提案したのは、真吾さん。

「同業者がいい付き合いをして、きちんと情報交換し合えば、福祉業界全体のボトムアップに繋がります。自分のところの運営だけを考えるのでなく、地域全体が協力し合う、そういう取り組みをしたいとずっと考えていました。この場所に馬木葉クラブを開所し、お店をもつことで、周辺施設の方々といい関係を持つことができました」

障がい者福祉施設では、一般的に内職のような請負の仕事のほかに、オリジナル商品を製作して販売しているところが少なくない。『共同作業所すてっぷ』や『のんき村』のような食品から、アクセサリーやインテリア雑貨などのおしゃれ小物、さまざまな生活用品など、製作アイテムは多岐に渡る。どれも品質やデザインなどを工夫し、市場に広く受け入れられるよう職員たちは骨を折っているが、一番の難問は販路にある。施設商品の弱点だ。施設内で販売するだけでなく、店頭販売をしたり、インターネット販売をしたり、イベントでの出店販売に積極的に出かけたり、あるいは委託販売先を探したりと、どこも間口を広げる努力をしている。そのきっかけづくりに貢献したい、というのが馬木葉クラブの願いだ。

というのも、作業所や福祉関連のイベントなどを訪れたり、町中でも施設商品の類にわざわざ目を留めてくれたりするのは、たいてい福祉の世界に関わりがある人である。まったく縁のない人々に効果的にアピールするチャンスは、案外と少ない。その点、馬木葉クラブは、馬の世界と密接に関わっている。それまで福祉に縁遠かった人でも、「馬」という目的をもって馬木葉クラブを訪れ、「馬」という縁をもって、福祉社会に触れてもらうことができる。

そうした考えをもとに、店内の真ん中をどーんと販売コーナーにして、地域の施設商品を売り出すことにした。よその商品を販売するなんて、ある意味、お人好しな計画だ。しかし、いくつもの団体が企画に賛同し、それぞれのオリジナル商品を持ち込み、売り場を賑わせることになった。もちろん、馬木葉クラブ自慢のオリジナル商品である牛革の革小物やバッグなども大々的に展示販売して、好評を博している。

「馬に乗りにくる。コーヒーを飲みにくる。そうしたお客さんに、障がい者福祉施設への理解をほんの少し深めて帰ってもらう。それだけで十分に意味がある」

職員たちは、そう考えている。もしも並んでいる福祉商品を実際に手にとって、「これって、どんなところで、どんな人たちがつくっているの?」という思いを抱いてもらえれば、なおいい。もしかしたらひとつの商品を通じて、そこから新たな縁が生まれるかもしれない。

「縁を繋ぎ、交流を深める架け橋のような場所」

リニューアル後に馬木葉クラブが気づいた、重要な使命であり、方針だ。

喫茶メニューや販売コーナーの話に乗り、計画に賛同してくれた施設は、いずれも小規模団体ばかり。馬木葉クラブの呼びかけをきっかけに、互いにネットワークをもつに至った。ミーティングの場を設けて、新しい情報をシェアし合い、意見交換を交わしたこともある。どこかが問題を抱えているとき、相談し、経験を分かち、知恵を出し、問題解決に手を差し伸べ合う関係が生まれた。

「やっと足場を築けた、何かが一歩前進した」

馬木葉クラブは、保護者たちに見放されたときのような孤立無援の状態を脱したのではないか。そんな手応えを、職員の誰もが感じることができた。

目玉商品の革グッズと支援の輪

ここで、馬木葉クラブの目玉商品、革グッズの話をしたい。

馬のサポーター、小師さんのように、革グッズに関しても強力サポーターがいる。道央・砂川市にある『ソメスサドル』の砂川ファクトリーである。上等の牛革のはぎれをどっさり寄付してくれるのだ。おかげで、ブレスレットや携帯ストラップなどのアクセサリー小物、財布やキーケース、ハンドバッグ、さらに大判のショルダーバッグまで、多彩な商品をどんどんつくり出すことができている。

『ソメスサドル』といえば、知る人ぞ知る日本一の馬具メーカー。馬具は、上質の革でないと商品にならないから、革質は相当にいい。確かな素材と職人の技により、馬具だけでなくバッグや革小物も展開し、東京・青山にショールームを開く高級ブランドだ。馬のことを知らなくても、二〇〇八年の洞爺湖サミットでG8首相と夫人方にお土産として送られた牛革バッグのブランド、といえば思い当たる人もいるだろう。

馬木葉クラブは、実にさまざまな人々に助けられ、支えられているが、『ソメスサドル』の存在もまた大きい。きっかけは、施設の再スタートに際して新事業を検討する中で、『ソメスサドル』の余り革が廃棄処分されているとの話を職員たちが聞きつけたこと。ふと革グッズ製作を思いつき、「少し分けてもらえませんか」と一本の相談電話をかけてみたところから、よいお付き合いが始まった。

「うちの革は、端布でも値段を付けてお譲りしているんです」

最初はそんなつれない返答だったが、再スタートに燃える職員が、馬木葉クラブの主旨をていねいに話すと……。

「そうなんですか。では、別に廃棄用があるので、好きなだけお持ちください」

一転、思いがけない優遇を受けられることに！ 障がい者福祉施設で馬を養い育てる、という馬木葉クラブの方針に賛同を得られたのだ。初回こそ、端布のクオリティに幅があったものの、次に訪れたときは革グッズ製作に叶う上質な端布ばかり用意されていた。その温かい心遣いに、職員一同、ほろりときたものだ。おかげで馬木葉クラブは、革の確保に困ることなく、革グッズの製作を精力的に続けられている。

そんな経緯で上等の革にめぐり合えたものの、職員やメンバーの中に、革を使ったモノづくりの経験者がいたわけではない。段ボールに何箱にもなる色とりどりの革をもらってきたはいいが、「さて、どうしよう」というところからのスタートだった。当初は、メンバーが帰った後、職員みんなで山のような革を相手に、「これはどうだ」「こんなのもいいよ」と時間を費やす毎日が続いた。まるで日課のように、遅いときは夜更けまで、革の製品づくりに没頭していた。

実は、その時間が職員同士の交流の時間となり、つかまり立ちを始めたばかりの馬木葉クラブの大きな支えになっていたのである。というのも、日中は各自の業務に追われ、なかなかゆっくりと話をする時間がない。再スタートしたばかりで状況が不安定な中、毎晩一日の報告や意見を密に交わすことで、職員の共通認識と理念が生まれていった。革を手に、クラフト製作の感覚で楽しみながら和気あいあいと過ごす中で、職員という間柄を越えた関係と、強い仲間意識も築かれていった。職員たちは、互いにポケットマネーで、馬木葉クラブの特製コーヒーやクッキーをふるまいあう仲だ。また、プライベートネタもどんどん飛び出す。

「昨日、だんながね……」

「うちの子がさ……」

互いの家庭事情にツーカーで、家族間のトラブルに意見を飛ばしたり、逆に家族からの伝言を預かってきたりと、なんだか大家族的な様相。それもこれも、各家庭の全面的なバックアップがあってこそ。馬木葉クラブの職員の働きの影には、それぞれの家族の深い理解と協力がいつも見え隠れする。

さて、革グッズ製作は、細長い革紐を編んでいくブレスレットや携帯ストラップづくりから始めた。これはおもしろいほど簡単で、だんだんデザインにも凝りだした。乗馬クラブらしさを出すために、シルバーのコンチョや、幸せを呼ぶといわれる馬のしっぽの毛を組み合わせるなど、バリエーションを広げていった。メンバーも積極的に参加して、三つ編み、四つ編みと、編み方を習得。自分でつくった商品を店内の棚に並べたりして、やりがいのある仕事である。

職員の方はやがて、ワンランク上の商品、財布やキーケースに挑戦。町で売られている商品をしげしげと観察して構造やデザインを研究したり、本屋で革小物のハウツー本をチェックしたりして、どうにかお金をかけずに情報収集。道具の使い方も心得てきて、次第にオリジナルグッズを提案していった。革は山ほどあるけれど、少しも無駄にせず、商品化して収入に還元したいところ。新しいデザインを思い浮かんでも、やみくもにつくり始めず、まずはみんなの前でプレゼンして、意見を出し合い、慎重に進めた。

ここに活躍したのが、馬木葉クラブの施設づくりに貢献した、大工仕事の得意なボランティアの保《たもつ》さん。施設の設営に腕を振るった後は、すっかり革職人と化して、日がな一日製作コーナーに陣取るようになった。手先の器用な彼は、精巧な革の製品を次々と生み出して馬木葉クラブの収入に貢献するばかりでなく、新作にも果敢にチャレンジ。テレビでも雑誌でも何にでもアンテナを張って、新商品のアイデアのヒントにした。また、少しの革も無駄にしないように、図面を引いて寸法をきっかり測ってから試作に取りかかる徹底ぶりは、まさに革職人。

なぜか、みんなと同じ時間に出勤し、同じ時間に退勤するという職員並みの規則正しい生活を半年間も送って、革グッズづくりに勤しんだ。もちろんボランティアなので一銭の報酬も受け取ることはなく、完全な無償奉仕である。その背景には、幸か不幸か求職中というプライベートな事情があったわけだが、「この期に及んで、保さんに職が見つかっちゃったらどうしよう、困る〜」という心配をされるほどの重要ポストを占めていた。結局、無事に就職先が決まって、惜しまれつつも馬木葉クラブを後にするのだが……。

保さんのように、がっちりと取り組んでくれるボランティアが、馬木葉クラブにはなぜか入れ替わり立ち替わり訪れてくれる。そして、何かと忙しい職員に代わって革グッズの製作などを、着々と進めてくれる。中には、レッスンを終えた後は革グッズの製作という流れで一日を楽しんでくれたり、レッスン日以外でも販売会の手伝いに来てくれる乗馬クラブのお客さんもいる。ボランティアさんの寛大さに、馬木葉クラブはいつも感謝の気持ちでいっぱいだ。

ボランティアといえば、北海道教育大学釧路校の『にこにこゼミ』も大活躍だ。地域の社会福祉活動に取り組んでいるこのゼミの学生さんたちは、毎月のように馬木葉クラブのメンバーと過ごす楽しいひとときを企画し、また販売会などイベントのたびに助っ人に来てくれる。メンバーとはもちろん仲良しで、馬木葉クラブにとってはボランティアさんでありながら、頼もしい仲間のような存在だ。しかもメンバーの家族ぐるみで、である。とくに、中心的に活躍してくれる健太くんは、希実枝《きみえ》ちゃんのお父さんに息子のようにかわいがられている。アルバイトで生計を立てながら大学に通うひとり暮らしの健太くんは、

「おい、メシ、ちゃんと食べてるか。今晩はうちで夕飯食べていけばいい」

としょっちゅう声をかけられ、おまけに冷蔵庫の中の食材もごっそりお土産に持たせてもらう。持ちつ持たれつが、自然な形で営まれているようだ。

とにかく革小物づくりに関しては、職員もボランティアもみるまに腕前を上げ、今では手頃なサイズのペンケースやシガーケース、デザインにこだわったバッグ、利便性の高いショルダーバッグなど、多彩な商品を生み出している。

最近のヒット商品は、モロッコの伝統的な靴、バブーシュ。かかとを踏んでペタペタと歩ける、革スリッパのような靴だ。本場のバブーシュを参考にしながらデザインを凝らし、一縫ずつていねいに手づくりする。

このように難易度の高い商品はもっぱら職員やボランティアの手に委ねられているが、比較的気軽につくれる小物はメンバーも参加。革グッズの製作は、買ってくれる人の顔が浮かぶようで、つくり手にとって楽しい作業である。

みんなで楽しく出張販売

　さて、『乗馬クラブ　ケ・セラ』『喫茶　陽だまり』『ワークショップ　ひだまり』と馬木葉クラブの事業の地固めができたところで、職員たちは、広報活動に着手し始めた。今後は、この新しい施設の存在を広く知ってもらうため、アプローチの場を広げなくてはならない。

　そこに、オリジナル商品の革グッズが一役買った。地域の催しや、ショッピングセンターのフリーマーケット、お祭りやビッグイベントなど、機を逃さず積極的に出店し、革グッズを販売することが、馬木葉クラブの宣伝になったのだ。

　北海道にも、短いが夏は訪れる。イベント目白押しの季節だ。施設の写真が満載のパンフレットやチラシ、ポスターも用意し、それを小脇に抱えて、あちこちへ繰り出した。

「わー、かわいい！」
「これ、ぜんぶ、手づくりなんですかぁ？」
「へー、施設でつくってるんですか」

　若者にも人気の革グッズは、馬木葉クラブのイメージアップにつながっている。

馬房作業のときとは違う、ちょっとよそゆきの顔が見られる出張販売

出張販売には、メンバー自身も参加する。平日は活動の一環として必ず誰かが同伴するし、休日でも場合によってはお手伝いに加わる。みんなに慕われているお母さん的な一恵さんは、場の雰囲気を和らげ、メンバーたちの気分を盛り上げるのが上手。緊張してしまうメンバーも、「がんばろう！」という気になれる。それに、たくさんたくさん褒めてくれるから、みんな、少しずつ自発性が高まる。セールストークはまだ一恵さんほど上手じゃないけれど、お客さんの呼び込みならおまかせのメンバーもいる。

「いらっしゃいませーー！　手づくりの革小物、いかがですかぁーー！」

威勢のいい呼び声に誘われてお客さん

がやってくると、店番担当のメンバーがちょっと姿勢を正して、おじぎする。

「いらっしゃいませ」

彼らが一生懸命働く姿に、財布の紐を緩めてくれるお客さんも少なくない。「ありがとう」「がんばってね」などといわれると、うれし恥ずかしだ。

「うちのメンバーは、本当によく働いてくれます。みんながいなかったら、とてもこの馬木葉クラブはまわりませんよ！」と、一恵さんはいつもメンバーを絶賛する。

出張先がイベント会場だと、散策する楽しみがついてくる。メンバーたちはつるんで出かけ、ショッピングやおいしい食べ物を満喫する。福祉団体のブースが多いときは、知った顔に会えるのもうれしい。

「わぁ、ひさしぶりー！」

「今、私、馬木葉クラブにいるんだよー！」

これまでに通ったことのある作業所の友だちや指導員と久々のあいさつを交わすのに忙しい人もちらほら。

また、特設ステージに有名ミュージシャンやタレントが登場するときなどは、ミーハーなメンバーたちはステージ前で大喜びだ。出張販売はいろんな意味で、刺激があってわくわくする時間だ。

あるとき、屋外イベントに、動物たちを連れて行ったことがある。小さなミニブタやヤギたち、スタッフの飼い犬を引き連れ、即席の動物触れあいコーナーを設けてみたところ、わいわいと人が集まり、集客数がぐぐっとアップ。馬木葉クラブならではの演出は、大成功を収めた。

こうした販売業務は、一恵さんが一手に引き受けている。準備から当日のブースの飾り付け、商品販売、最後の片付け、売上げの計上まで、ときにはひとりでフル稼働である。イベントごとに商品構成を気遣い、品揃えに変化をもたせつつ、客層を検討しながら定番商品から新作、季節商品と、毎回入念にプランを練る。

「どんな商品が売れるか、そのときどきで違うから、狙いを定めるんです」

ささっと衣装ケースに詰め込み、釣り銭箱や必要な品々と合わせて、手早く出店用セットをつくる。このときの一恵さんは、真剣。なんといっても、馬木葉クラブの懐具合に直接関わることなのだから、商魂に火がつくというもの。

イベントは週末に行われることが多いため、一恵さんは、とくに夏の間は休むヒマがない。平日は施設業務、休日は出張販売と不休が続くのだが、冬場の活動が制限される土地柄なので、「今が、がんばりどき!」という一心でがんばっている。

そんなとき、「一恵さん、肩凝ってるねー」というメンバーの温かい手によるマッサージは心からありがたいし、ほんわかとうれしい気持ちになれる。

将来の可能性に向けて

出張販売は、施設収入としても広報宣伝としても、まずまずの成功を収めているが、施設アプローチはもっと必要。馬木葉クラブという施設の存在を、若くエネルギーのある生徒たちに知ってもらい、卒業後の進路選択肢に入れてもらうため、職員たちは定期的に、近隣の養護学校に売り込みに行っている。

障がい者の就職事情は厳しい。障害者雇用促進法があるとはいえ、卒業後、すみやかに一般社会に出て働ける人は極めて少なく、とくに知的障がいを抱える人たちが仕事を得るのは非常に難しいのが現実。雇用側に個々のパーソナリティに合った一対一の対応を求められるからだ。そういった手厚いサポート体制は、能率主義の社会では考えにくい。どうしたって、授産施設などの作業所への通所を余儀なくされる。また、卒業後はどこへも行かずに家で毎日過ごすというケースも少なくない。

もちろん、生き方は個人の自由である。しかし、彼らがその自由をなかなか享受できないのが、今の社会である。障がいを持つ人々と生活を共にする人なら誰でも、真の「障害」は社会の「障壁」だと知っている。

その点、本人たちの生活を左右する家族、実質的な決定権をもつ家族も、ときには「障壁」となりうる。社会の「障壁」は確かに高く、受け皿は非常に小さい。でもゼロではない。そこのところの可能性を阻んでしまう家族が、少なからずいるのだ。たとえ本人が人生に挑戦することを望んでも、「まだ早い」「それは無理」と、活動に制限をかけてしまうという。障害者手帳があれば、障害基礎年金を受けられるし、生活保護を受ける道もある。中には、そうした子どもの給付金に甘んじている家庭もある。収入源である子どもを自立させられない、というのが本音ではあるまいか。

障がいの有無に関わらず、いや、障がいを抱えているからこそ、家族は豊かな暮らしの実現のために、大いに手を貸すべきである。学校の卒業時などは、当人と一緒になって、あるいは当人の代わりになって、働ける場、あるいは生活の場を探すべきである。家族は、自立生活の道しるべを立ててあげられる、もっとも身近な人間なのだから。

「誰だって仕事を探すとき、苦手な分野はできるだけ避け、得意なこと、やりたいことを活かせる仕事に就こうとしますよね。障がい者も同じです。これ、という仕事に就ければ、必ず能力を活かせるんです。しかも、人一倍はりきってがんばると思いますよ。能力発揮の場を社会が提供できるかどうか、これって大きいですよね」

以上は、障がい者の一般雇用に大賛成の馬木葉クラブの意見である。

馬木葉クラブでは、この能力発揮の場を、できるだけ幅広く設けるように努めている。障がい者福祉施設としてはかなり活動的な作業が、たっぷりと用意されているし、他方、革グッズ製作のような細かい手作業もある。そのほか、施設運営に関わる仕事はバリエーションに富んでいる。また、『乗馬クラブ　ケ・セラ』や『喫茶　ひだまり』などを通じ、一般のお客さんが訪れる機会が多いので、作業環境が社会に開放されているのも、ひとつの特長だ。

ここには、一般社会へ巣立ったときに役に立つ社会的スキル、あるいはマナーを身に付けるチャンスがたくさん転がっている。

そう、馬木葉クラブは終着点にあらず。現メンバーはもとより、養護学校の生徒たちにとっても、ここが実社会へのステップ、あるいは社会生活への適応力を養う場になればいい、と職員は考えている。

学校回りのおかげで、作業体験に参加する生徒が現れ始め、馬木葉クラブへの通所を希望する声が少しずつ聞かれるようになってきた。「乗馬をやってみたい」という声も上がるようになってきた。釧路圏内だけでなく、最近は道内でも、「釧路におもしろい施設があるらしい」と、馬木葉クラブの存在が知られるようになってきた。

七転び八起きで培ってきたものが、ようやく形になってきたのでは、という手応えを、職員一同、やっと感じ始めている。

月日とともに顔ぶれも変化

開所して三年半。あっという間のようで、月日はやはり着実に過ぎてゆく。時とともに、馬木葉クラブの動物の顔ぶれも移り変わった。

大きくぽっかり空いた穴は、二頭いた馬のうちの一頭、サンタがいなくなったこと。サンタは、気管支が弱く、運動を始めるとすぐに咳きこむし、ちょっと運動しただけで汗びっしょりになってしまう二十歳のおじいちゃん馬。道産子まじりのおっとりした性格と、体高約一五〇センチと小ぶりのボディサイズが、障がい者乗馬や小さな子どもの引き馬に適していたのだが、とにかく健康面からあまり無理をさせられないのが難点だった。もちろんお金があれば、もっと健康な馬を招き入れられるのだが、馬木葉クラブの懐事情はあまりに苦しい。それでもおとなしくて大らかな性格から、すぐにみんなと打ち解け、メンバーや体験乗馬のお客さんを乗せて、のんびりペースで働いていた。

そのサンタが二年目の夏、暑さに倒れた。比較的涼しい道東でも、日中はさすがに気温が上がる。サンタは体温が上昇し、息がはぁはぁと荒くなり、とうとう呼吸ができなくなった。みんな、このまま死んでしまうんじゃないかと心配でたまらず、固唾を呑んで見守る。

そんな中、「サンタァー、お花畑が見えるかい？」とわざと明るい軽口をたたきながら、それでも大急ぎで、壮さんが冷たい水を運び、サンタの体を冷やし始めた。みんなも、突き動かされたように体を動かし、バケツに水を汲み始めた。心配と怖さが交錯するも、せっせとバケツリレーで水を運んだ。その間、壮さんは水をかけ続け、サンタはどうにか息を吹き返すまでに回復。

「サンタ、しっかり！」というみんなの想いが通じたようで、一同やれやれと胸をなで下ろしたものだ。しかし、これはサンタの体力の限界を思い知らされる事件となった。

木陰のない狭い放牧場、ガレージを利用した通気性のよくない馬房……ここは、年老いたサンタには厳しすぎる場所だった。今回は持ち直したが、次に発作が起こったらどうなるかわからない。そこで急きょ、小師牧場へ帰郷することに。

「サンタ、元気になってねぇ」

「ゆっくり休んでね」

「元気でねー」

惜しまれつつも、迎えにきた馬運車であっという間に立ち去ってしまった。今は、恵まれた環境の中、のんびりと草をはみながら余生を過ごしている。

この後、真という名前の、気のいい馬が加わったが、馬木葉クラブの経営難から、この馬もまもなく去っていく。

馬のほかには、ミニブタの赤ちゃんが出たり入ったりするようになった。先住ブタである夢ちゃんがお座りからお手までやってのける芸達者なブタに育ったため、トレーナーである一恵さんの腕を見込まれてのことだ。

実際、夢を筆頭に、生後まもない子ブタたちはみんな、トイレも待てもお座りもお手もしっかりできるコに育った。そしてトレーニング期間を終えると、牧場に帰っていくのだ。面倒を見た子ブタの中には、田中義剛さんが牧場長を務める花畑牧場から「お座りできるブタをぜひ!」と直々に申し入れがあり、今はかの牧場でお客さんを楽しませているコもいる。一恵さんの腕前は確かだ。

そうやって出入りする子ブタの中から、二匹が新たに乗馬クラブに仲間入りすることになった。一匹は真っ黒な男の子。「黒だ」から「アーサー」という、名付け親の世代が伝わるような名前をもらった。もう一匹は、未熟児で産まれた女の子、音姫。夢とアーサーが「この子たちは……本当にミニ?」というサイズまですくすくと育ちすぎたのに対し、音姫は未熟児だったせいか、かわいらしい体型をとどめている。ブタたちのおかげで、馬木葉クラブはますますミニ動物園の様相を強めている。

収入をひねり出すも、赤字続き

馬木葉クラブのメイン事業は『乗馬クラブ　ケ・セラ』である。けれども、事業が軌道に乗るには少し時間がかかることもあり、今のところ、出張販売による革グッズの販売が馬木葉クラブの主要な収入源だ。それでも、まだまだ黒字経営にはほど遠い。

「さて、ほかに何ができるだろうか……」

元手がかからないことが第一条件である。

「時間と手間はかかるけれど……、やってみるかい」

材料費ゼロの「馬糞」で堆肥をこしらえて売り出すことにした。夏中、ボロ（馬糞の通称）を大切に寝かせて発酵させ、秋から販売開始する。所有馬たちの生産物から生まれる、馬木葉クラブの完全オリジナル商品だ。これを約十キロ五〇〇円で販売することにした。

手作業の堆肥づくりは蒸し暑くて、しかもねっとりとした臭いが強烈！

馬は牛よりも咀嚼が粗く、ボロに有機物質が多く含まれているという。そのため、馬糞堆肥は、肥料に必要な三要素、窒素・リン酸・カリをはじめ、多くの微量要素を含み、作物に好影響を与えるという。また、土中での分解が速やかで、通気や排水、保水性を高めるなど、土壌環境にも効果を発揮するとか。それに何より、牛糞ほどにおいがきつくない。近所迷惑がはばかられる家庭菜園でも周囲への気兼ねなく気軽に使用できる。

幅広い人に受け入れられるのではないかという期待の商品は、思った通り、秋から冬にかけて飛ぶように売れた。一度に何袋もどっさり買ってくれるお客さんも少なくない。なんと毎年、「完売御礼！」のうれしい悲鳴を上げることに。馬によって還元される、馬のいる施設ならではの商品、馬糞堆肥は、馬木葉クラブの頼もしい資金源になっている。

とはいえ、乗馬クラブにも、少しずつだが、お客さんが訪れるようになってきた。会員さんの乗馬レッスンや、ビジターあるいは集団での体験乗馬がたびたび行われ、壮さんが馬場で働く時間が増えてきた。その間、厩舎にはメンバーしかいない。しかし外作業チームは、壮さんがいなくても難なく馬房作業をこなし、しっかりと乗馬クラブの運営に加担できるまでに成長していた。馬木葉クラブはいつのまにか、メンバーあっての施設へと確実に変貌していた。

しかし、赤字経営はなかなか免れない。ここで、公的収入を見つめてみたい。

二〇〇六年十月に施行された自立支援法の枠組みの中で、馬木葉クラブは利用者の自立支援を行う施設としての事業登録を行った。いくつかあるカテゴリーのうちの、「就労継続支援B型」という位置付けである。通称、授産施設といい、施設で働いた人は作業工賃を得られる。これは国からの補助金がうんと少ない事業枠だが、本人が望むかぎり継続的に働けるので、メンバーたちに安定した環境を提供できるのが利点だ。

もし、国の補助金額の高い「就労移行支援」型を選んだら、施設の実入りが増え、経営はもう少しラクになるかもしれない。しかしこの場合、メンバーたちの施設の利用期間が二年以内と定められている点がネックだ。原則として二年経ったら、メンバーたちは一般雇用めざして施設を出なくてはならなくなる。

自ら社会に出て働こうとする人を応援するのと、個々の事情に係わらず所定の期間が過ぎたら施設を出なくてはならないのとは大違いだ。経営の見通しの厳しさに当初は、

「とりあえず、一部のメンバーだけ就労移行支援で登録してみたら、少しは補助金が増えてラクになるかも……。こんな無理のある制度、二年以内にすぐにまた改正があるよ」

という案も出たが、施設側の事情だけで、メンバーの生活を振り回すわけにはいかない。種々の事情も絡めて、最終的には事業の複数登録はせず、貧乏覚悟で「就労継続支援B型」のみの登録とした。

なお、同じ自立支援のカテゴリーに「就労継続支援A型」があるが、補助金の日額は高いものの、低価格の工賃ではなく、きちんとした形で月給を払う必要があり、事業が安定していない馬木葉クラブのような小さな作業所には当面、無縁のようだ。

さて、この工賃のことを馬木葉クラブでは「お給料」と呼んでいる。自立支援法による制度変化の良否はさておき、メンバーたちにとって「お給料」をもらえることはやはりうれしいもの。これまでは無報酬だったところ、毎月三〇〇〇円以上を手にできるようになったのだ。三〇〇〇円とは、「就労継続支援B型」に指定されている最低賃金の価格（正確には三〇〇〇円程

度)。

とにかく、額面ではなく、毎月自由に使えるお金を得られることがうれしい。賃金を得る喜びだけでなく、これからは馬木葉クラブの一人前の有給スタッフという誇らしさもある。しかも、がんばれば、少額ではあってても昇給できるシステムだ。

ところが、この「お給料」がまた、施設にとっては悩みの種。それまでは、利用者に工賃を支払う必要のないデイサービスセンターという施設形態だったのが、「就労継続支援B型」に登録せざるえなくなった今、そうはいかなくなったのだ。メンバー八人分の出費は、貧乏施設にとって、正直苦しい。とくに労働作業に従事している人たちには、気持ちばかりではあっても金額の上乗せをしているから、懐はいつもシビアだ。

制度自体に矛盾を感じるものの、世の流れには逆らえない。今はがんばって、少しずつでも馬木葉クラブの売上げを伸ばし、それをみんなの「お給料」に還元するのみである。販売担当の一恵さんが、売上を伸ばそうと必死になるワケはここにある。メンバーの「お給料」は実際のところ、革グッズ販売にかかっているのだ。

他方、メンバー側も、自立支援法の打撃を受けていた。施設を利用するにあたって、利用料の一割を負担しなくてはならなくなったからだ。それまでは、支援費制度により無料で通所できた。いくら「お給料」が出るようになったとはいえ、利用料としてそれ以上の出費が生じているのだから、納得いくものではない。中にはこれを引き金に、馬木葉クラブの通所を家族に反対され、最終的に辞めていった人もいる。

けっきょく自立支援法は、施設と利用者、双方の負担が増えるという図式を生み出している。気づけば、馬木葉クラブは毎月一定額の赤字が発生し続けているとわかってきた。その額、およそ三十万円。職員は誰も、経営学を学んだことはない。一恵さんの商才をもってしても、この赤字をどう埋めればいいか、深刻な悩みであった。悩んでいる間にも、赤字額はふくれあがる一方だ。

馬木葉クラブの大改革

二〇〇七年秋。自立支援法の施行から丸一年。前・施設長の真吾さんは、いつしか強いストレスを感じ始める。経営難をどう打破すればいいか、考えても答えは出ないからだ。わずかな蓄えが底をつくのは時間の問題だった。このままいくと、経営破綻で馬木葉クラブは終わる。二十代の施設長には、重荷だった。

もし、保護者との関係が良好だったら、事情は違ったかもしれない。さまざまな職業と経験に基づく妙案が出たかもしれないし、収入の向上に繋がる手助けをしてもらえたかもしれない。しかし、山の施設のときにこじれた保護者との関係は、容易くは修復されなかった。それも、彼にとってはストレスの原因だった。どこかで、歯車が狂ったような、そんな無力感。

「もう、辞めたい」

正直な思いだった。毎月の赤字額は、折しも職員の月給からさほど遠くない金額。そして、あるとき一大決心をする……。

「来月で、馬木葉クラブを辞めます」

残る三人の職員は、突然の真吾さんの辞職宣言に愕然とした。理由はこうである。

「ぼくが辞めることで、施設の赤字がずいぶん解消されると思う。馬木葉クラブは、潰すか、ぼくが辞めるかの二択しかない」

職員一名分の給料をカットしようという計画だ。

馬木葉クラブの辞職は、真吾さんの完全な独断。けれども、彼を責める人はいなかった。真吾さんが施設長業にどれだけ労力を費やしてきたか、そして疲れていたかも、職員はみんなよくわかっていたからだ。そして現実問題として、せっかくここまで成長したメンバーのためにも馬木葉クラブは潰せない。残される職員たちは大きなため息とともに、真吾さんの辞職を受け入れることにした。そして、よりどころのない不安を抱え、残された日々を過ごした。

辞職日までの一カ月はあっという間に過ぎた。そして、真吾さんはその翌日には故郷の深川に帰郷してしまう。その慌ただしさに職員たちはなんだか空しさを感じえた。

「どうして、そんな急いで、馬木葉クラブから離れていくの？」

……が、すぐに現実に引き戻されることになる。

新しい施設長は、一恵さんである。それまで、事務仕事の一切は真吾さんが仕切っていたから、気づけば右も左もよくわからない状況に立たされていた。その上、なんとか実務作業に取りかかってみたら、大事な書類の提出期限が目前に迫っていることが発覚したのだ！　一恵さんは慣れないパソコンを前にやや呆然。

「これは、自分だけの手には負えない！」

泣きが入ったが、泣いているヒマなどなく、とっさに壮さんと宏美《ひろみ》さんに応援を呼びかけた。

宏美さんは、馬木葉クラブのリニューアル時から加わった、給食担当のパート職員。でも真吾さんのいなくなった後、正職員としてフルタイムで働き出していた。

壮さんも宏美さんも、一恵さんのヘルプに「それはまずい！」と額を集めて書類作成に挑むことに。それぞれ予定していた自分の仕事を思いっきり脇に置いて、必要な情報を集める者、添付書類をつくる者、提出書類に記入する者、分担しながら一丸となって用意を進めた。最後は明け方までかかり、なんとか書類完成。ねむい目をこすりながら滑り込みで役所に飛び込んで提出というバタバタな出だしである。

真吾さんが去って早々に、三人はどっと疲れてしまった。

でもこの出来事が、その後の馬木葉クラブの方向性を決定づけた。「三人寄れば文殊の知恵」で、どんなことも三人で相談し合って決める関係が定着した。それまでは、基本的に施設長が先導し、馬方担当、販売担当、給食担当とそれぞれ職域の異なる職員たちが付いていく格好だったのだが、気づけば職員全員が担当のボーダーを越えて意見交換しあい、全員で話し合ってなんでも決めるという雰囲気が流れ始めたのだ。パート職員からフルタイム雇用に変わり、仕事の幅がぐっと広がった宏美さんも含め、三人一緒に前線で闘うような関係が成立した。しかもこのときは、外作業専門の壮さんが実はパソコンに通じているという意外な一面が発覚し、一恵さんを心からほっとさせたものだ。

ただし、頼れる真吾さんがいなくなって、マンパワーが足りなくなったのは確かだ。

とくに土日。動物の飼育施設に休日はない。それに、乗馬クラブとしては週末営業は必須だ。これまでは馬を扱える壮さんと真吾さんが、土日の馬房そうじやお客さんへの対応をこなしてきた。もともと親友同士のふたりは、休日進行でのんびりと一緒に作業したり、交代制でうまく休みをとったりして、楽しみながらうまく業務をまわしてきた。

ところが、ここにきて週末営業の任務が、いっきに壮さんひとりの肩にのしかかってしまった。もちろん、女性陣は、この状況を見過ごせない。馬の作業にはノータッチだったふたりも、休日返上で出勤することになった。がんばりやの宏美さんに至っては、並みならぬ集中力で馬房そうじや馬との接し方を急きょマスターし、新境地を開いた。今では、

「壮さん、明日は私、全部ひとりでやるからさ、家でゆっくり休んでよ!」

とニコニコ顔でいえるほどまでに。さらに、イベントシーズンともなれば出張販売が頻繁に重なるため、職員全員総出の休日というのも珍しくない状況だ。本音をいえば、四十代の一恵さんと宏美さんにとって、休日がないのは体力的につらいところ。

また平日も、やはり人手が圧倒的に足りない。宏美さんが午前中は調理場にこもってしまうため、現場は職員二名体制に。何かと仕事に追われ、ゆとりのない状況だ。事務仕事も思いのほか多く、手分けして進めることにしている。革グッズ製作に取り組む時間や、メンバーにゆっくり向き合う時間を十分に取れないことを、職員の誰もが残念に感じている。

金銭的にも人員的にも、ギリギリの状態をくぐり抜ける日々が続くようになった。職員たちは、気持ちは元気でも、体の慢性疲労をなかなか拭いきれない。

協力の輪が広がって

人手不足の馬木葉クラブの様子は、やがて保護者たちにも伝わるところとなった。「何か、できることがあれば」と、自ら申し出てくれる保護者も現れ始めた。

とくにお母さんたちは、日中にやって来ては、革グッズの製作に力を貸してくれるように。作業机をぐるりと囲みながら手仕事を繰り広げる小さな工房は、自然と井戸端会議の場になった。職員も、お母さんたちも、ボランティアも一緒になって、馬木葉クラブの出来事やメンバーの話、家庭のこと、世間話から芸能ニュースまで、いろいろな話題に花を咲かせる。とても自然な形で、施設と保護者との交流がもたれるようになったのだ。

「山で採ってきたよ」

「たくさん手に入ったからさ」

などと食材を差し入れて、馬木葉クラブの食費を助けてくれることもたびたびだ。ときには、お父さんがお土産片手に立ち寄ったり、兄弟がお友だちを連れてコーヒーを飲みに来たり、メンバーの家の飼い犬が家族に付いて一緒にやって来たり……。いつのまにか保護者たちとは、すっかり良好な関係になっていた。

なんと、それまで実務には関わりをもつことのなかった理事長も、司法書士の職業を生かし、書類の作成に力を貸してくれるようになった。馬木葉クラブに通っていた彼の義妹が、諸事情から隣町の施設に移ることになっても、理事職を継続することを快諾もしてくれた。

馬木葉クラブは確かに、真吾さんという大切な柱を失った。しかし、その反面、思いがけない人間関係の変化を、職員、保護者とも味わっている。実情は厳しくても、このような優しく温かい支援を受けることで、実質的に助かるだけでなく、疲れも癒される思いだ。

もちろん、それまでも、施設全体は笑いあふれる温かい雰囲気だったし、製作コーナーも楽しいおしゃべりの場だったけれど、そこに保護者が加わることで、確実に支援の輪が広がった。馬木葉クラブのように、メンバーも含め、みんなで築き上げる姿勢が大切な施設にとっては、ひとつの大きな飛躍になったといえる。

その後、馬木葉クラブは、バイタリティあふれる一恵さんを筆頭に、補助金集めに奔走。職員三人で力を合わせ、相談に相談を重ね、いばらの抜け道を模索した。何度も役所に足を運ぶうち、窓口の人も親身になってきて、自治体の助成費を活用する方法を提案してくれるようになった。おかげで、市の「灯油費」「送迎費」助成、町の「家賃費」助成などを取り付け、なんとか当面の経営見込みだけは立てられるようになった。

「わからないことは、役所やよその施設にどんどん聞いちゃうの（笑）」

と彼女は笑うが、公的資金を得るため、時間と労力をかけて忍耐強く向き合った成果である。
また、天が味方してくれたか、地域生活を向上させる奉仕活動をしている市民団体、『国際ソロプチミスト釧路』からの寄付金の寄贈先に選ばれるという好事もあった。職員たちは釧路プリンスホテルで行われた同団体の認証三十周年記念式典に招かれ、大々的な授与式に参加することに。とくに壇上で寄付金を受け取るという大役を背負った一恵さんは、何日も前から緊張でいっぱいだ。

「議員さんとか、えらい人がたくさん集まるパーティー会場でしょ。どうしよう、どうしよう」着ていく服に悩んだり、壇上のリハーサルをしたり、馬木葉クラブ一同でひと騒動だ。馬木葉クラブの場合、よいことも悪いことも、とにかくみんなで大騒ぎなのだ。練習のかいあって寄付金も無事に受け取ることができ、その後、ありがたく馬木葉クラブの財政補塡に役立てている。

立ち上げ当初から、さまざまな問題が降りかかり、自立支援法の影響も相まって、存続すら危ぶまれた馬木葉クラブ。種々の公的資金を得て当面の予算確保はどうにか取りつけたものの、あいかわらず予断を許さない状況だ。一方で、馬木葉クラブを支える人の輪が広がり、心なしか明るい兆しが見えてきたようでもある。

今後、どれだけの発展と可能性を広げ、どんな道をたどっていけるか。施設の運営問題は、馬木葉クラブがこれからも背負っていく大きな課題である。

壮さんの結婚パーティー

夏の始めのある日、壮さんが、長年つきあっていたゆきちゃんと入籍した。めでたいことは積極的にお祝いする馬木葉クラブにとって、これは一大イベントである。

「いやあ、籍入れただけだよ」なんて、そっけない態度の壮さんを尻目に、みんなで大パーティーを催した。しかもメンバーと職員だけでなく、父兄たち、小師さんやボランティアさん、そして真吾さんをナイショで呼んだ、大・サプライズパーティーだ。

「ないしょだよ」「ないしょね」

みんなでひそひそ、にやにやしながら、一週間の仕事を終え、本番の日を迎えた。

当日は、吏央くんのお父さんが、コブクロの『永遠にともに』をギターで弾き語り、一恵さんがそこにサイドギターで飛び入りしたりして、音楽に満ちた賑やかなひとときとなった。さらに、メンバーたちが『てんとう虫のサンバ』を大合唱。この曲が十八番の自閉症の厚志《あつし》くんもはりきって熱唱し、全員でのフルコーラスであった。

この思いがけないゲストたちの演出に、壮さんとゆきちゃん夫妻は、びっくりしてうれしくて感激して、涙、涙である。とくに、浦河の乗馬療育学校の時代から壮さんと歩み続け、真吾さんともたくさんのときを過ごし、馬木葉クラブの紆余曲折を陰ながら見守ってきたゆきちゃんには、結婚の歓びを越えた感慨があったかもしれない。

馬木葉クラブは、何かあるとみんなでわっとお祝いするから、折にふれ、こうした感動シーンに出くわすことができる。

このとき、真吾さんは久々に馬木葉クラブを訪れた。辞職後、郷里の深川に戻ってから、数カ月ぶりの釧路だった。とはいえ、電話やメールで職員たちとしょっちゅう連絡をとって、馬木葉クラブのことを応援し続けていたし、反対に職員たちも新しい生活を始めた真吾さんにエールを送っていた。

そう、真吾さんは、馬木葉クラブを辞職したとはいえ、失意に呑まれたわけでは決してなく、馬木葉クラブ発足のもとになった自分の夢、「障がい者もそうでない人も一緒に働きながら、みんなで乗馬を楽しんだりしてのんびり暮らすこぢんまりとした牧場」づくりに向けて、再出発していたのだ。

真吾さんが、お金を貯めるためにカラオケボックスの夜のバイトをしていた時期は、

「昼夜逆転の生活なんて、体、壊すんじゃないかい」

「いろんなお客さんがいるから、大変でしょ」

と、遠い釧路からみんなで心配したものだ。けっきょく、その生活は長く続かず、福祉畑で育った真吾さんは、今、再び福祉の仕事に就いている。

「毎日、ばあちゃんたちに囲まれてるよー」

今度は、障がい者福祉施設ではなく、介護老人福祉施設で働いている。決して高給の仕事ではないが、新たな発想の牧場をめざして、地道に邁進中だ。馬木葉クラブのみんなも、そんな真吾さんの気持ちをしっかりと汲み取っていて、いつまでも大切な仲間、との思いで繋がっている。

さて、結婚パーティーに登場した真吾さんを、メンバーたちも大歓迎するかと思いきや……。

「メンバーたち、久しぶりの再会にもっと歓迎してくれるかと思ったら、意外にあっっさりしてるんだよね~。あ、真吾さんだ、こんちはー、って感じ」

私自身、馬木葉クラブを訪れて感じることだが、メンバーたちは三カ月ぶりの訪問でも一年ぶりの訪問でも、毎日通所しているのと変わらない対応だ。「あ、こんちは」という具合。別れのときに、「また来てねー」「体に気をつけてねー」「次は、いつ会えるのかなぁ」とずいぶん名残惜しんでくれるわりには、再会は、真吾さんの言うとおり、あっさりしたものだ。

なぜかは、わからない。職員にも、わからない。でも、今その瞬間に、馬木葉クラブにいるのが当たり前の感覚で接してもらうと、ある種の心地よさが沸き上がってくる。そこに、自分の居場所があるのだと、理由もなく安心できる。馬木葉クラブに集うボランティアたちが、それぞれに馬木葉クラブを求め、またそれぞれのペースで馬木葉クラブと関わり続ける根底には、こうした心地よさに身を置きたくなる気持ちがきっとあるはずだ。

職員たちの意気込み

さて、馬木葉クラブが生まれた背景には、二十代ならではの若くたくましい感性をもつ前・施設長、真吾さんの存在が大きかった。しかし、集まってきた職員たちの個性と熱意がまたすばらしく、施設全体の力強い発展に結びついている。ここで、現・職員たちの馬木葉クラブにかける意気込みを紹介しておきたい。

まず、馬方担当としてやってきた壮さん。

彼は、根っからの馬好きで、馬に惚れ込んで故郷の兵庫県から北海道に移住し、北の大地で暮らす好青年。「内地に戻る気はない」そうだ。乗馬療育インストラクター養成学校で培われた真吾さんとの友情だけではなく、馬の業務における絶大な信頼をもって、馬木葉クラブの職員に迎えられた。

　高校の馬術部で馬に出会った彼は、当時から馬たちの世話に精根を傾けていた。馬に関わる者としては、まず馬を知らねばならない。そうした持論をもとに、一時間でも二時間でも馬場の傍らで馬を眺め、馬体の動き、感情の起伏、馬たちの興味の対象などをつぶさに観察するような学生だった。馬の気持ちを最優先させる壮さんにとって、馬たちと心を通わせ、親身になって接することは大きな喜びでもあった。そして、通っていた乗馬クラブでの馬の扱い方に、違和感を覚えてもいた。

「たとえば、乗馬レッスン。お客さんたちは、馬を御することばかり意識し、指導者もまた技術的なアドバイスばかりする。誰も、馬の気持ちになって、馬のペースを尊重しようとしない。ぼくは、将来は馬を大切にできる環境を築きたいし、そういう場で働きたいと考えていました」

壮さんが障がい者乗馬に出会ったのは、自身が腰を痛め、入院したのがきっかけ。

「そこで、障がい者乗馬のことを知り、自分の進む道はこれだ！　と思ったんです」

　卒業後はさっそく浦河の乗馬療育インストラクター養成学校に入学した。それまで、障がい者の存在が身近ではなかったが、障がい者を取り巻く社会環境については思うところがあり、障がい者乗馬の道を志したひとつの要因となっていた。

それは高校時代の通学途中、電車の中で体験した、ある出来事だ。障がい者とおぼしき男性がてんかんの発作を起こし、座っていた壮さんの膝に倒れ込んできたことがある。彼はもちろん驚いた。どう対処すればいいかわからず、身じろぎもできなかった。周囲の乗客も、友だちでさえも、泡を吹いている男性と壮さんを遠巻きに眺めるだけだったし、そのときの奇異なまなざし……。

壮さんは奇しくも巻き込まれた立場ではあったが、障がい者の彼に向けられた視線と冷遇を、当事者同様に受ける体験となった。

「障がいへの理解が深く、困っていたら自然に手が差し伸べられる、障がい者にとって住みやすい社会とは何だろう、どうあるべきだろう、とぼくなりの模索が始まったのは、そこからですね」

だからこそ、親友となった真吾さんの「夢の牧場」計画に、大いに共感できたのだ。その頃から、障がい者であっても一人前の働きをして、しっかりと社会参画できる世の中、という理想が形づくられていった。

養成学校で障がい者乗馬のいろはを学んだ壮さんは、その後しばらく浦河に残り、浦河乗馬公園で働いていた。浦河といえば、馬の町。競馬好きなら誰もが知るところだが、優駿の輩出で有名だ。土地柄、浦河乗馬公園はイベントから日々の乗馬教室まで充実したプログラムをた

馬に乗ることがすべてではないのが障がい者乗馬の奥深いところ

くさん抱えており、その一環で障がい者乗馬のレッスンも行っていた。インストラクターとして指導に当たっていた壮さんは、継続的にレッスンを受け持ち、さまざまな障がいを抱えるライダー（騎乗者）と接する中で、実に多くのことを学んだ。福祉社会ではなく、馬の世界で生きてはいたものの、貴重な経験を積み上げた。それが、馬木葉クラブで存分に生かされることとなる。けっきょく、「福祉の仕事は未経験だから」と、当初は馬方の仕事に特化するはずだった壮さんは、外作業メンバーたちの最高の育成者となり、みんなのよき兄貴として親しまれる存在になる。

それから、現在は真吾さんに代わり、施設長として活躍している一恵さん。

彼女は、馬木葉クラブのメンバーの父兄の紹介で、馬木葉クラブにやってきた。紹介者は、前職場のデイセンターで本領を発揮しきれなかった真吾さんに同情と大きな期待を寄せており、馬木葉クラブの創設を激励してくれていた。そして、「ぴったりな人がいる」と、職員に一恵さんを指名したのだ。

一恵さんは、高校生の息子がいるものの、とてもそんな年齢に見えない元気いっぱいの明るい女性。天性の明るさに加え、母親としての大らかさもあり、包容力あふれる馬木葉クラブのお母さん的存在である。

以前、釧路市内の障がい者福祉作業所で働いていた経験はあるものの、それはほんの二年足らず。支援員の資格も、動物の飼育経験もなかった彼女がなぜ「彼女なら」と指名されたか……それは、一恵さんが馬木葉クラブで働きだしたら、誰もがすぐに「なるほど」と納得した。深い愛情と理解をもってメンバーたちを温かく包み込み、細やかに目配りし、また母親的な厳しさで指導もする。メンバーのためになることをいつも真剣に考え、どんなことも厭わず、直球で尽力する。また持ち前の明るさで、保護者をはじめ馬木葉クラブを取り巻く人々と積極的に交流を図る。対外的な活動への協力や参加も惜しまない。

このように、極めて人間的な付き合いを、自然体でできる人なのだ。これは、福祉の仕事でもっとも求められるべき資質であり、新しい可能性をたっぷり秘めた馬木葉クラブに一恵さんは「ぴったり」だったのだ。

一恵さんの懸命さは、パーソナリティに因るところが大きいものの、実はほかにも理由がある。以前の職場の福祉施設を、当時の受け持ち担当のメンバーに最後の別れも告げられないまま、やむない理由で突然去ることになった苦い経験をもっているのだ。その挫折感と無念さは、相当だった。何年たっても思い返すと涙が出るほどの傷を心に負っていた。信頼してくれていた利用者たちを見捨てたような、申し訳ない気持ちでいっぱいだった。

「馬木葉クラブでは同じ過ちは繰り返すまい」

「彼らを絶対に見捨てず、居心地のいい施設を守り抜こう」

「メンバーのよりよい社会生活の実現に精一杯、貢献しよう」

このような私的事情も絡めて、一恵さんは馬木葉クラブ運営のために、いつも全力を尽くしているのであった。

そうした福祉職員の顔とは別に、彼女は「電卓の鬼」でもある。電卓片手にぱぱっと数字をはじき出し、オリジナルの革グッズの売値も粗利も、すべて計算してしまう。さらに、商品のアピールから販売、取引、宣伝広告まで商才をいかんなく発揮する彼女は、自立支援法によって経営概念を求められるようになった施設にとって、誠に頼もしい存在。彼女の売り込みにより、馬木葉クラブの商品を委託販売してくれる店が釧路の町中に何軒も現れている。

また、これまで小鳥ぐらいしか飼ったことがなかった一恵さんは、いきなりブタ三匹の飼い主になった。馬木葉クラブをにぎわす動物としてミニブタがやってきたのは、開所してから一年後のこと。夢と名付けられた生後二カ月の小さなピンクの子ブタを夜間、施設に置いて帰るのは忍びないと、毎日自宅へ連れ帰るようになったのがきっかけだ。以来、夢ちゃんは、りっぱな成ブタに育ってからも、甘えん坊のペットとして、家族の一員に収まり続けることとなる。

やがて新たに二匹が加わり、現在は三匹のブタが同居。一恵さんはいつのまにか、すっかりミニブタのスペシャリストになっている。毎日、「ピギー！　ブーブー！」と騒がしいブタたちと一緒に出勤するのだから、近所でもちょっとした有名人だ。馬木葉クラブならではのユニークな職員である。

この充実した生活の中で、彼女が過去に負った挫折感と無念さは、昇華されつつあるようだ。

一恵さんの前ではブタも犬も一緒になってオスワリ

そして、給食担当のパート職員から始まった宏美さん。

彼女は、真吾さんが辞めた今、フルタイム勤務の正職員として働いている。乗馬クラブのインストラクターである壮さんや、販売担当の一恵さんのように表に出る機会は少ないが、主に革グッズの製作に従事する馬木葉クラブの立役者だ。

もともとは、真吾さんと同じ職場で、福祉施設の指導員として働いていた。だから、メンバーは、馬木葉クラブができる以前からの顔見知りがほとんど。とくに重度障害をもつ希実枝ちゃんは、前の職場の受け持ち担当だったから、本当に長い付き合いになる。希実枝ちゃんが落ち着かないとき、興奮が高まったとき、彼女のことをよく知る宏美さんがそっと寄り添ってなだめると、希実枝ちゃんの気持ちがすっと和らいだりする。逆にいうと宏美さんがいることで、馬木葉クラブに移って環境ががらりとかわっても、希実枝ちゃんは問題なく新しい場に馴染めたといえるかもしれない。

吏央くんも、昔からよく知るメンバーのひとり。優しいお姉さん的な雰囲気をもつ宏美さんに、いつも彼が「結婚してくれる?」と聞いていた「親密な」仲だ。吏央くんの計画によると、特急スーパーおおぞら号に乗って、札幌のホテルで挙式をするのだとか。

「札幌のホテルかぁ、いいねー。でもお父さんとお母さんは、いいっていった?」

「うーん、それが、そんなことといったらダメでしょって……」

という会話の日もあれば、

「結婚するならお金がいるよ。吏央くんの代わりに私が外へ働きに出て稼いでもいいけど、家事を吏央くんに任せてもいい？　ごはんつくったり、洗濯したりしてくれる？」

「……できない」

「じゃあ、まだ結婚はムリだなぁー」

といったやりとりを繰り返していた。

けっきょく、宏美さんの本物の結婚により、吏央くんは「失恋」することとなる。今はもう「結婚してくれる？」とは聞かない。

「だって、だんなさんがいるんだから、そんなこと聞いたら失礼だよ」とは吏央くんの弁。

とにかく、すらりとスレンダーな宏美さんは、とても優しい女性。人の心の動きや、場の空気に敏感で、メンバーたちの心の動きもすばやくキャッチする。彼女自身のハートが繊細だから、ちょっとしたことに傷ついたり、気に病んだり、落ち込んだりするメンバーたちの気持ちが痛いほどよくわかるのだ。みんなの話を些細なことでも、「うん、うん、そうなんだぁ」とじっくり聞いてくれる、メンバーにとっても職員にとっても、安心感のある存在。

少しはかなげな雰囲気のあった宏美さんに、最近はなんだかたくましさが出てきた。というのも、これまで壮さんと真吾さんの担当だった休日の馬たちの世話を、真吾さんが辞職した今、積極的に買って出るようになったからだ。ときには、たったひとりで休日出勤して、袖まくりしながら外作業に当たることも。メンバーが通常四人でこなす仕事だから、お昼もあっという間に過ぎて、午後までかかる。最初はもちろん、慣れない作業に大奮闘。それでもフォークを担いで黙々と働く。

「真吾くんが辞めちゃってからしばらく、土日フル出勤で、壮さんが馬や動物たちの世話してたんだよね。だから私も役に立ちたいと思って、外作業のやり方、きちんと教えてもらったんだ。もともと、体を動かすの好きだから気持ちいいよ」

そうはいっても、いうほどラクではない。ひとクセあるミニチュアホースのポーちゃんに経験の浅さを見透かされ、噛みつかれたり、仁王立ちされたり、しまいにはひっくり返ったところを上に乗っかられたりと、えらい目に遭っているのだが、「気持ちいいよー」といって体当たりでやってのける前向きな献身さが、宏美さんのいいところ。その心遣いに、ほかの人たちは心からほっとできるし、優しい気持ちになれるのだ。

前・施設長の真吾さんが辞職した今、馬木葉クラブはこのステキな職員三人の団結力によって、しっかりと支えられている。

第二章　仕事も喜びも満載の一日

さてここで、とある日の馬木葉クラブの一日をのぞいてみたい。

季節は七月。北海道の夏は遅く、道東の港町、釧路もようやく初夏の兆しだ。広大な湿原と太平洋に挟まれたこの町は、うららかな陽気が立ちのぼる春から夏にかけて、霧の季節が続く。湿潤な大気に満たされて、朝晩、白い朝靄にすっぽりと包まれる。「霧の釧路」といえば有名だが、町全体を覆う薄化粧は、情緒があって美しい。

ここ馬木葉クラブ周辺のひなびた国道景色も、霧に覆われるとたんに、美しい北の大地の様相を呈する。手づくりの素朴な馬場や放牧場がうっすらと白いヴェールに包まれ、キタキツネがひょいと現れることもある静寂のひととき。けれどもやがて朝陽が霧を散らし、国道の往来が増して静けさが破られる頃、馬木葉クラブの一日が幕を開ける。

馬木葉クラブの朝

朝一番。

「おはようございまーす！」「おはよう！」

口々に声を張り上げ、送迎バスから降り立つ一行。馬木葉クラブのメンバーたちだ。みんな、朝から本当に元気がよく、施設内は灯がついたようにぱっと明るくなる。

「おっはよー！」

それまで静かに始業準備をしていた職員たちも、みんなが到着すると元気のスイッチが入って、ついつい大声をはりあげるから、いっきにやかましい。

この元気な八名のメンバーたちは、屋外で動物を世話するチームと、屋内で喫茶店などの仕事に従事するチームに分かれて、みんなが分担で業務にあたっている。施設運営のための仕事は、やることが満載で毎日けっこう忙しい。

とはいえ、送迎バスで到着後、しばらくはわいわいとお気楽な時間を過ごせる貴重なひとときき。休憩室でおしゃべりしたりふざけあったり、職員に家であった出来事を報告したり、それはそれで忙しいのだが。

職員側も、朝一番からメンバーに囲まれてせわしく過ごすのが日課である。

そこへ恭兵くんが、コーヒーがなみなみ入ったカップを手に、こぼさないようにと、そろりそろり歩いてきた。気だてのいい恭兵くんは、コーヒー好きの職員たちのために、到着後すぐに調理場でモーニングコーヒーを入れてくれたのだ。そして、カップと同時に、小さな紙切れをそっと職員に手渡す。

「おー、まーた、ラブレターかぁ」

周りの人に冷やかされると、おきまりの文句。

「ちっがうよー！」

恭兵くんが、男女問わず、いろいろな人に手紙を送るのは有名。職員もメンバーも、みんな一度ならず、何度も何度ももらっている。しかも熱烈な文句で、まさにラブレター！

「だいすきたよ。かわいいよ。はしてるよ（あいしてるよ）」

「うちにとまりにきてください（ください）。おねかいします（おねがいします）。うちのおふろはいてもいてすよ（はいってもいいですよ）」

「みんなであそびまそね（あそびましょうね）。ターチポール（キャッチボール）してください。うてつも（うでずもう）してください」

みんなの前で読み上げられると恥ずかしくてジタバタするけど、顔はめちゃくちゃうれしそうなのが、恭兵くんのかわいいところ。

恭兵流の手紙は、慣れればすぐに読めるようになるけれど、初めて受け取る人はちょっぴり首をかしげるかも。しかも不思議があって、手書きのときはそんなことないのに、パソコンで書いたときは句読点も段落もなぜか吹き飛んで、まるで怪文書みたいな文字だらけの手紙になっている。

「ごんとぼくのうちにとまりにきてくださいおねかいしますたのしみたねいっしょにあそほ

ねいてすかおねかいしますすみんなでごはんたべにいきすかいぽけともすたーのびておみていますいっよにみてくたさいおねかいしますいてすかたのむねなとかたのむねみんなでまちにいてもいてすかおねかいしますなとかたのむねおねかいしますだいすきてす　おわり」

初めての人は「どうもありがとう」とにっこりしながらも必ず首をかしげ、それを見てる周りの人はおかしくて、ついプーッと吹き出してしてしまう。

吏央くんもやってきた。彼は、毎朝必ず職員のもとへやってくる。そして、うれしくて仕方ないこと、そのとき抱えている悩みなど、喜怒哀楽たっぷりに話す。最近は、帰宅後に家事を手伝っているから、まずその報告をすることが多い。

「(ちょっと得意げに大声で)昨日も、掃除機かけて、食器洗って、洗濯物たたんだよ」

「おぉー、お母さん大助かりだね」

「うん、……ねぇねぇ、ところで、(ここで声のトーンを落として)今ちょっといいですか?」

「なに?」

「うーん、(ここでガクーンと肩を落とす)な

馬木葉クラブは、仕事も遊びも全力投球!

んか……人生って難しくないかな？」

最近の悩みの種である。元来、芝居気のある大げさなアクションをとりがちの吏央くんだが、真剣な顔で考えこみながら尋ねられると、職員も真剣に答えるしかない。ここ一カ月、毎朝同じ会話だけど、毎朝同じように、心をこめて話す。

「難しく考えると、もっと難しくなるよ。今、自分にできること、ここでの作業や家事のことを、まず一番に考えれば？　作業がうまくなるように、家事がもっとできるようにって」

「はい！」

返事のよさは馬木葉クラブ随一。悩みを話して少しラクになったのか、きびすを返して、みんなが集っている休憩室へと向かっていった。

尚美ちゃんも、毎朝恒例のあいさつがある。

「今朝も、野菜とって、食べたよ」

ウエイトオーバーな尚美ちゃんは、家族や馬木葉クラブの職員にいわれるせいもあり、いつもダイエットを意識している。意識はしているけれど、食べるのが大・大・大好きで、並んでいる給食から一番量の多いお皿を無意識に選びとるくらいだから、減食なんてありえない。というわけで、「たっぷり」野菜を摂る健康的な朝食を心がけているのだ。家の横を清流が流れ、庭先にエゾ鹿が遊びに来るすてきな環境の家庭菜園で、尚美ちゃんの一家はさまざまな野菜をつくっている。季節の朝摘み野菜はさぞおいしいことだろう。

そこへ、休憩室から、ケラケラとした笑い声に交じってメンバーの大声が飛んできた。

「きみちゃんをトイレに連れていくねー！」

重度の障がいをもつ希実枝ちゃんは、普段からとにかくよく笑う女の子だが、笑いとトイレの関係が深い。笑うことで筋肉の緊張が緩み、尿道が開くようだ。笑いがエスカレートすると粗相に至ることがあるので、ゲラゲラと高笑いし出したら要注意。様子を見て誰かが職員を呼んだり、女性メンバーがトイレに連れて行ったりする。ただおかしくて笑っているのか、トイレの笑いか、その判別はいつも一緒にいる仲間でないとなかなか難しい。

また、彼女はトイレの中でも笑い続けていないと用を足せずじまいになるので、引率係は一変してお笑い係になる。あの手この手で希実枝ちゃんを笑わせつつ、自分も一緒に大笑い。だから、希実枝ちゃんのトイレタイムはいつもキャーキャー、ゲラゲラと賑やかだ。

たとえ粗相をしてしまっても、近くにいる人が手際よくぱっぱと片付けて何事もなかったようにすましている。働くことが身についている馬木葉クラブのメンバーにとって、気づいたときに気づいた仕事をするのは当然のこと。メンバーぐるみで希実枝ちゃんをサポートするのが、当たり前になっている。

そんなにぎやかさを尻目に、部屋の片隅では、送迎バスの運転を終えたばかりの職員の壮さんが、愛用のギターを片手に美声をはりあげて歌っている。壮さんは、馬を愛し、音楽を愛する青年。仕事の合間にギターをぽろんと奏でてよく歌う。馬木葉クラブのメンバーは全員音楽が大好きで、とくに、吏央くんは好きな曲が流れるとうれしくてたまらなくなり、体がうずいて飛び入り参加。壮さんに負けじと大声をはりあげて、調子っぱずれもなんのそので一緒に歌い、仲間の笑いを誘ったりする。

そして、馬木葉クラブの朝はいつもこんなふうに活気があふれ、笑いに満ちている。

朝の会で発語練習

「朝の会、始まるよー！」

朝十時のこの掛け声で、それまでお気楽に過ごしていたメンバーも職員も一同、休憩室に集合。恒例の、朝の会が始まる。毎朝、メンバー持ち回りの日直さんが、進行役となる。

この日の日直は、希実枝ちゃんだ。彼女は、言葉によるスムーズなコミュニケーションが難しい。にこにこしたり、むすっとしたりという顔の表情、両手を広げてのゴキゲンな抱擁や、物を叩いて不満解消というボディランゲージで、人と接することが多い。そのため、長らく日直を務めたことがなかったのだが、ひょんなことから最近、日直担当に加わった。職員の一恵さんが横について、優しくリードする。

「これから、朝の会を、始めます」

「あじえあす（はじめます）」

希実枝ちゃんには、ここからが本番。メンバーと職員全員の名を呼んで、出欠をとっていく。

「出席を、とります。薫ちゃん」

「かおちゃん」

「恭兵くん」

「きょー」

ひとりずつ、指を指しながら、喜んで名前を呼ぶ。仲間の名前を呼ぶこと、それがうれしくてたまらない様子。だんだん、興奮が高まって、ひとり拍手が始まる。が、反対にほかのメンバーは手を膝の上に置いて静観を保つ。

「あっちゃん」

「あちゃん」

名前をひとり呼ぶごとに、満面の笑みでひとしきり高笑い。じっとしていられなくなって、正座のまま、ぴょこぴょこと飛び跳ねようとするが、それを一恵さんが静かに制する。そして、ほかのメンバーはいよいよ、しんとして静かに見守る。

ハイテンションの希実枝ちゃんと、ローテンションのメンバーとのこのギャップには理由がある。日直を始めた頃は、希実枝ちゃんに名前を呼ばれると、メンバーも一緒になって喜んだ。普段、仲間の名前など呼ばない希実枝ちゃんが、きちんとみんなの名前を認識していたことに驚き、そして心からうれしく思ったのだ。思わずあちこちから拍手が起き、希実枝ちゃんも大得意。大笑いの末に、その場で粗相してしまったことが何度か続いた。そこで、みんなで策を練って方向転換。希実枝ちゃんをなるべく興奮させないようにと態度を変えたのだ。

希実枝ちゃんが大喜びしたり大笑いすると、思わずつられそうになるけれど、そこをぐっとガマン！　みんなの協力のおかげで、希実枝ちゃんは興奮極まることなく、無事に全員の名前を呼び終え、日直を遂行できるようになった。一恵さんのリードのもとに、興奮しても、逆に途中で気が乗らなくなっても、なんとか最後までお務めをまっとうできるようになった。そして、回を重ねるうちに、希実枝ちゃんの言葉が、少しずつだが聞き取りやすくなっている。お役目として言葉を発しなくてはならない状況が、彼女にはよい発語練習となっているようだ。

誰にでも「あちゃ、ぷーぷー」という独自の言葉で話しかけ、相手とコミュニケーションを図ろうとすることの多い希実枝ちゃん。その語彙力に広がりが生まれることを、職員たちは秘かに期待している。何かを強制されるのをすごく嫌がる自由人の希実枝ちゃんにとって、この小さな試みが、楽しみながら喜びながらできる最高のトレーニングになってほしいものだ。

「職員から何かありますか？」

「あいあい？（ありますか？）」

職員からその日の伝達事項や給食メニュー（毎朝、歓声が上がるところ）が告げられ、朝の会は終わる。

「これで、朝の会を終わります」

「おあいます（おわります）」

締めの言葉で、メンバーも職員も、やっとにっこりと頬をゆるませた。

絶妙バランスのチームワーク

しっかり者の薫ちゃんが、時計をちらりと見て「さ、時間だ」と立ち上がった。

クールな性格で、常に淡々とした口調の薫ちゃんは、馬木葉クラブのメンバーのリーダー的存在だ。彼女の一言を合図に、外作業組のメンバー四名がいそいそと作業着に着替え始める。

集まらない者がいたら、お互いに声を掛け、仲間に遅れをとらないように急ぎ合う。自分勝手なだらだら行動は、馬木葉クラブにはない。

さて、ここからがメンバーの本領発揮。乗用馬とミニチュアホースの各馬房と、ヤギの小屋、合計三カ所を午前中のうちに掃除しなくてはならない。すでに時計は十時を回っているから、手早く済ませないと、あっという間にお昼になってしまう。一同は外へ飛び出し、わらわらと散った。

馬たちを馬房から引き出して放牧場へ連れていくのは薫ちゃん、ヤギを連れ出すのは吏央くん、その間に動物たちの水桶を洗うのは正士くん、きれいな水を放牧場へ運ぶのは恭兵くんと役割分担し、段取りよく進める。

毎朝、水でいっぱいのバケツを両手に馬のもとへ

こうなるまでには時間がかかった。初めの頃は、みんながぞろぞろと寄り集まり、団子になってばかりだった。ひとつの作業に必要な人手は限られるから、当然ほかの人は手持ちぶさたで、ただ見ているだけの取り巻きになる。

「ほかにできること、あるんじゃないかい?」

外作業のメインチーフである壮さんは、たびたび声を掛け、仕事を分担することを勧めた。ただし、具体的な役割や作業内容の指示は控えめにして、自分たちで気づいてやるように仕向け、自主性を促した。次第にメンバー同士で声を掛け合い、協力体勢が生まれ、チームワークができあがった。自分たちで生み出した分業システムなので、状況に応じてスタンドプレーを利かせられる判断力、協調性、結束力、積極性、そして助け合いや思いやりの心など社会生活で求められるさまざまな精神を築き上げることができている。

ひとりひとりにこの精神が宿っているあたり、本当にすばらしい。馬木葉クラブには、仕事の指示がないと動けない人、ぼーっとしている人はいないのだ。初めの頃は、必ずしもそうではなかったというが、自主的な判断によって働くうちに、みんな少しずつ変わっていった。その変化は仕事場にとどまらず、性格や時間の使い方、遊び方など、生活全般にもしっかり波及している。

さて、動物たちをすっかり放牧場へ移し終えたら、馬房の寝藁作業を始める。寝藁作業は、悪天候でないかぎり毎日欠かさない仕事のひとつだ。馬房に敷く藁は、夜間に馬の排尿や飲み水の垂れこぼし、空気の湿気などでじっとりと湿ってしまうため、毎日、藁を一斉に戸外に敷き伸ばして天日干しすることで、清潔を保つ。これが、メンバーたちのメインワークといえる。

まずは、ボロ(馬糞)取り。馬は一晩で、思いのほかたくさんのボロをする。手順としては、

寝藁作業は見かけよりずっと重労働！

大きめのボロを最初に熊手で掻き集め、藁の合間に入り込んでしまった細かいボロは、汚れた藁とともに作業用フォークでていねいに取り除く。実は、ここが腕の見せどころ。というのも、藁は消耗品なので、節約が求められる。本当に汚れている藁のみを取り除き、単に湿って黒ずんでしまっただけの藁は取り置いて、天日に干しながら使いまわす必要があるのだ。この、汚れた藁と濡れた藁をスピーディーに選り分け、細かいボロを除けていく作業は、一朝一夕にはものにできない職人技だ。慣れない人などは、思いのほか作業を進められなくて戸惑うかもしれない。見た目よりもずっと緻密で集中力を要する仕事だ。

乗用馬用の大きな馬房をのぞくと、薫ちゃんと吏央くんがペアになって黙々と寝藁作業を進めている。薫ちゃんは馬房掃除のスペシャリスト。どんなに汚れた馬房もさっさと片付けてしまう。フォークで巧みにさっと藁を持ち上げ、「宙に舞うボロが見える」と、まるで鷹のような目でボロや汚れた藁を見分け、手際よく選り分ける。

「そんなに仕事、上手にできるんだから、牧場へお嫁に行ったら喜ばれるよー」

そんな言葉に、三十代の彼女はいつもまんざらでもない顔で、ふふっと笑う。なんだか、くすぐったい感じがするのだろう。こちらはまんざら冗談でもないのだが。

親元を離れ、ひとりで下宿生活をしている彼女は、自立精神にあふれ、ほかのメンバーの仕事ぶりにも細やかに目を配れる女性。しかも相当のがんばり屋だ。いつか就職に役立つかもしれないからと、こつこつと勉強を重ねて運転免許証を取ったほどだ。以前は引っ込み思案でおとなしく、人見知りの激しい性格だったそうだ。でも馬木葉クラブで働きだしてからは、決しておしゃべりではないものの、人見知りはずいぶん解消された。そして、よきリーダーとしてめきめきと頭角を現し、メンバーはもとより職員にまで頼られる存在となっている。

「吏央、そこ、いつまでやってるの」

「こっちの方、先にやれば」

馬房で薫ちゃんの軽い叱責が飛ぶと、フォークを握る吏央くんは焦りの表情。まじめで心配症の吏央くんは、実はまだ汚ない藁が交じっているかもしれないと不安になり、せっかく選り分けた藁をまた元に戻して、再び選別作業を繰り返すクセがある。焦れば焦るほど、同じことを繰り返してしまうので、薫ちゃんも吏央くんを追い込まないように気を遣うのだが、それでもつい、「吏央、遅いー」と口にしてしまう。薫ちゃんのように、すいすいと作業を進められないと自分でわかっている吏央くんは、とてつもないジレンマに泣きたい気分。以前なら半べそをかいていた。でも泣いても解決しないから、最近は涙も焦りもぐっとこらえて、とにかく目の前の作業に落ち着いてしっかり取り組むよう努力している。

一生懸命のめりこむうちに、吏央くんの額から汗がしたたり落ちてきた。バセドウ病という甲状腺疾患を抱えているため、人一倍汗かきで、冬でもボトボトと汗を垂らすのだ。そのため、年中タオルを首にひっかけていて、それが吏央くんの定番ファッションになっている。男前な顔に首タオル姿は、見慣れた者でも改めて時々吹き出してしまうコミカルさがある。もちろん、吏央くん自身は大まじめで、笑われてもきょとんとするだけなのだが。

汗がしたたり落ちる様子を見て、吏央くんに十分な水分補給が必要なことを知っている薫ちゃんは、一言、声をかける。

「水、飲んだ？」

素直な吏央くんは、「あ、まだ」と手を休め、ウエストバッグにしのばせていたペットボトルの水をぐいっとあおる。その間に、薫ちゃんは、吏央くんの領域の藁を自分の側に引き寄せ、ペース配分を調整してあげる。そうやって、二人三脚を築いていく。ふたりのコンビネーションは、吏央くんにとっては薫ちゃんのアドバイスを受けながら根気よく作業の要領を得ていく練習、薫ちゃんにとっては相手にプレッシャーを与えないように前向きな指導をする練習になっているようだ。

馬木葉クラブは、このような相互関係をとても大切にしている。職員が直接指導するよりもずっと時間がかかるかもしれないけれど、お互いに精神的な努力をし、悩み、ふんばることが、それぞれの大きな体得へとつながるのだ。だからこそ、職員はメンバー間の人間関係には、注意深く気を配っている。

じゃあ、ぼくは藁を敷き伸ばそうかな、と自然に役割分担

そこへ、つかつかと歩み寄ってきたのは、ひょろりと長身の正士くん。捨てる藁やボロがそろそろたまったかなぁ、と一輪車を押してやって来た。薫ちゃんは無言で、脇に寄せてあったボロや汚れた藁を一輪車にどさどさと積み上げる。すると、正士くんは一輪車とともにいそいそと立ち去り、一路、敷地のはずれにあるボロの堆積場へ。小高くなっているボロ山をいっきに駆け上がり、運んできたボロを山のてっぺんにざざーっと空け捨て、今度はミニチュアホース用のミニ馬房へと向かう。そこで働く恭兵くんも、やはり無言で空の一輪車にボロを積み上げる。すべて、「あ、うん」の呼吸だ。どちらかというと馬房の作業よりも一輪車

を押して駆け回るのが好きな正土くんは、再びボロを満載した一輪車を押してボロ山へ。目の前のことに意識が集中しがちなタイプのメンバーが多い中、正土くんは状況観察が大得意。お客さんの来訪を見つけるのも、メンバーのトラブルを職員に知らせるのも、いつも一番は正土くんだ。作業中も、周囲を見渡して的確なタイミングでボロをもらい受けたり、合間を見て、選別されたきれいな寝藁を敷き伸ばしたりして、全体の作業能率を上げる。

これは、以前の正土くんからは想像しがたい、積極的な働きである。馬木葉クラブが始まった頃はまったくもって受け身な態度だった。たとえ指示を受けても、なんとなくいわれた方向へ歩いてみるだけだったりして、すみやかに働けなかった。また体の動きがぎこちなく、長い手足をもてあましているような様子だった。

それが今や、一輪車やフォークを上手に使いこなし、足もとの悪いところでも重い水桶を手にすいすいと歩き、そして、さっと次の作業に取りかかる。正土くんの場合、こうした変化は急にではなく、開所から三年半かかって、できることをひとつひとつ増やしていったといえる。言語障がいがあるために多くを語らない彼だが、ひとえにみんなの輪に入って一緒に働きたいという一心が、正土くんを変えていったようだ。仲間との共同作業は、こうも人を変えるのかと感嘆させられる。

馬の作業には「意味」がある

しっかり者の薫ちゃんはみんなのリーダー的存在だが、メンバーたちにとってはさらに偉大なボスがいる。職員の壮さんだ。壮さんには、薫ちゃんもかなわない。馬房掃除がダントツに速い薫ちゃんが三十分かかる作業を、壮さんは十分でささっとすばやく終わらせてしまう。それに、馬のことにめっぽう詳しくて、みんなすごく頼りにしている。

というのも、壮さんは、作業のやり方についてだけでなく、作業のひとつひとつが持つ「意味」をきちんと教えてくれる。そこにマニュアルはない。すべては「動物を健やかに飼育する」という目的に根ざしている。とくに、乗馬クラブとしての責任や資質が問われる馬の管理には、壮さんはシビアで、厳しくもていねいに教えてくれる。すべては、馬が安心して過ごせるように、馬が病気にならないように、馬が喜んで楽しく暮らせるように……と。

「馬房の中の寝藁を全部すっかり干すこと」は、「あなたたちの布団が寝るときに湿っていたり汚れていたら気持ち悪いでしょ。同じことだよ。濡れたままの藁やボロが残っていたら、馬だって気持ち悪いよ」

「飼い桶は毎回きれいに洗うこと」は、「食器に、前の食事のご飯粒がついていたらどう思う？　飼い桶も同じだよね」

というふうに、壮さんは、馬の気持ちを自分の気持ちに置き換えて考えてごらん、といつもいう。そうすれば作業のとき、どんなことに気を配ればいいか、おのずと見えてくる。自分がされたら嫌なことはしない、が鉄則だ。馬の環境をきちんと整えることが、いかに馬の安全・安心な心地いい暮らしにつながるか、壮さんはわかりやすく説明してくれる。メンバーたちは壮さんに教わる「意味」を十分に納得できるし、馬やそのほかの動物たちに心から共感もできるし、それを動機づけに自主的な作業展開を図ることができている。

逆に、馬木葉クラブでやってはいけないことの「意味」も、壮さんははっきりと教えてくれる。やはりすべては、動物のため。馬のマイナスになることは、絶対に避けなくてはならない。とくに、大型動物である馬は、ちょっとした不注意が大事故につながりかねない。

「作業中はおだたない(調子に乗る、はしゃぐの北海道弁)」、だけではなく、「作業中におだって、大声を出したりふざけたりしたら、馬がびっくりするよ。もしびっくりして立ち上がったり暴走したとき、お客さんが乗っていたら、とんでもないことになるよね」

「水桶は、適当に置いてはいけない」は、「水桶を置くときは、持ち手の向きを考えないと、馬が足を引っかけてケガをするかもしれないよ。もし馬が転んで、そのとき誰かがそばにいたら、馬だけでなく仲間もケガをするかもしれないからね」

という具合に、してはいけないことをした結果どんなことが起こりうるか、壮さんはいつも具体例を示す。こういう根本的な話は、馬を知っているつもりの人でもはっとするかもしれない。「なぜ」に触れると、おのずと作業は慎重でていねいになるものだ。

気のゆるみや甘えによる作業の手抜きが、ここでは馬の事故や病気に直結する。馬の事故は、メンバーの事故に繫がるし、ケガをしたり病気になった馬には、安全を保障できないため、乗馬クラブのお客さんを乗せることもできない。そうしたら、馬木葉クラブの経営は大打撃だ。

経営面への影響はともかく、みんな大好きな馬や動物、そして大切な仲間に迷惑がかかることは絶対にしたくない。だから、「してはいけないこと」は単なるルールではなく、「タブー」化する。これは、動物を扱う仕事をしている人なら、誰もがうなずけることだ。とくに大型動物の飼育は、多かれ少なかれ、危険と隣り合わせといえる。

メンバーたちは、これまでに大きな事故現場に遭遇したことはないが、経験豊かな壮さんの言葉にリアルさを感じ、「おっかない」とぶるっとする。馬と密接に暮らしているから、決して他人事ではないと真剣に受け止める。馬木葉クラブでの「してはいけないこと」は、普段の生活上のマナーやルールとは少し異なる、シビアな掟なのだ。だから、自分の身勝手や不注意で「タブー」を犯してしまうと、もちろん職員に叱られもするけれど、結局、自分自身が反省することになる。心優しいメンバーたちは、動物や仲間が自分のせいでつらい思いをするなんて耐えられないから、自分の心をきゅっと戒める。うっかりして同じ失敗を繰り返してしまったり、怠け心が生じて作業を手抜きしてしまうことも実際あるのだが、そのたびに自分を戒める。みんな、そうした経験を何度も繰り返してきている。そして決め事を破ったときには、深く自責し、少しずつ自制心を養う。そのような自己抑制の反復が、ひいては日常生活の上でも好影響を及ぼしているのではないだろうか。

その証拠に、メンバーはそれぞれのレベルでだが、ワガママな側面がぐんと減っている。このような内省的な心の動きは、なかなか目に見えにくいけれど、生活上の変化にまちがいなく現れている。

動物を飼うということは、健やかな命を守ること。メンバーはその責務を十二分に承知して、日々の作業に精を出している。それは、壮さんの言葉にも如実に表れている。

「もしも、あなたたちが馬の事故でケガを負ったら、ぼくは全責任をとる。馬をすぐに処分するし、乗馬クラブも閉鎖する」

馬木葉クラブの一員として働くことは、かくも責任重大なのである。

約束を破ってお叱り

ミニチュアホース用のミニ馬房と、ヤギの小屋を担当しているのは主に恭兵くん。

今でこそ仕事熱心な恭兵くんだが、高校を卒業してすぐに馬木葉クラブに通い始めたため、当初はまだ学生気分が抜けず、ちょっぴりさぼりグセがあった。職員が見ていないと思うと、「見つからないよ〜」とさりげなく手を休めるクセがあった。もちろん、職員たちはそんなクセ、お見通しである。

ある日、恭兵くんはミニ馬房にひとり担当配属された。しかも、「誰にも手伝ってもらわないように」というお達し付きだ。すべての作業をたったひとりでこなさなくてはならない。それまでは、みんなと一緒に乗用馬用の大きめ馬房を掃除していたので、独立を果たせたということで立派な栄転。恭兵くんはすっかりはりきって、意気揚々とミニ馬房に飛び込んだ。

でも、ものの五分で険しい顔つきに。思いがけない仕事量に苦戦を強いられたのだ。しかも、自慢じゃないけど見事な飽き性。さっそく、休憩したい！　という気分に見舞われる。だけど、ここで休んだら作業がはかどらないだけ……。

「休みたい〜」

「でも、休んだら、終わらない〜。給食に間に合わなくなる〜」

「あ〜、やるしかない〜！」

もう不承不承で、態度もぐだぐだ。よく見ると、寝藁の選り分けが、かなり雑になっている。汚い藁が残っていたり、まだ使える藁がたくさんボロ山行きになっていたり。

「とりあえず、ここを片付けたら、終わりなんだから！」とやっつけ仕事になっているのだ。

そうこうするうちに、なかなか終わらない恭兵くんを気にして、気配り上手の正士くんが様子をうかがいにきた。すでに乗用馬の馬房掃除は終了しているとのこと。誰にも手伝ってもらわない約束だったけれど、ちょっとくらいいいかなぁ。

「正士くん、ボロを捨ててきてくれる？」

正士くんはふたつ返事で、一輪車を運んできた。再利用できそうな藁もずいぶん交じっているけど、

「いいや、ええい！」

どさどさっ。恭兵くんは構わず一輪車に放り込む。こうなったら仕上げの掃き掃除も、もう適当だ。壮さんも見ていないことだし、ちゃっちゃと馬房の真ん中あたりのゴミを集めて、はい、おしまい！

最後は、山盛りの一輪車を押して、正士くんがボロ山へ捨てに行ってくれた。正士くんの助っ

馬木葉クラブの男性陣はおしゃべり好き。仕事の合間の井戸端会議

人のおかけで、どうにかこうにか昼過ぎには作業を終えることができた。

「ありがとう!」「うん」

これぞ、助け合い精神……。

しかし、恭兵くんを待っていたのは、ボス、壮さんのお叱りだ。楽しみにしていた給食おあずけで、みっちりと怒られてしまった。

「なんで怒られているかわかるか?」

「(ぼそぼそっと)……作業が遅かったから」

「ちがーう! 約束破ったでしょ」

「……あ。」

「最後までひとりでやれっていったのに、なんで手伝ってもらった?」

「えーっと……」

「とにかく、あの馬房は明日から、ぜ、ん、ぶ！　恭兵がひとりで責任持ってやること！　わかった？」

「はーい」

お説教、これでおしまい！　と恭兵くんは元気に返事。目の前に用意されている給食に、ようやくありつけそうだ。

「あと」

「……え？」

まだ続きがあった。人一倍、食べることが大好きな恭兵くんは、給食が遠のくようで、くらっとする。

「馬房が汚い」

「……（ドキッ）」

馬房の汚さは、本人が一番よくわかっている。

「なんで、あんな雑なんだ？　いいかげんにやったのか？」

「いや、えーっと……」

「あの汚い馬房で、今夜、ポーちゃん(ミニチュアホースの名前)が寝るんだぞ。いいのか？」

「……だめ」

「じゃあ、午後は、しっかりきれいにしなさい」

「はい」

「大きい馬房やってたんだから、明日からちゃんとできるよな」

「はい……」

壮さんは、恭兵くんがその日初めてひとりで馬房掃除をしたことには触れない。大目に見ようという言葉はない。動物の世話に、人間の都合は優先されないのだ。いつでも安定した環境を整えてあげるのが、飼育者の務め。時間や手間をかけてでも、最終的に成し遂げなくてはならない一線がある。それを守るプロ意識を、壮さんはメンバーに求めている。力持ちで強そうな見た目のわりには、疲れてバテやすい恭兵くんを、心中では、「やっぱり恭兵のやつ、疲れて、ズルしたなぁ」とニヤリとはしても。

とにかく、給食タイムが何より楽しみな恭兵くんにとっては、つらいお叱りだった。頭の中は半分、ご飯の心配だったようだけど、壮さんにいわれたとおり「明日から、ちゃんとがんばろう」と自分にいい聞かせ、ようやくお箸を手に取ることができた。

そんな恭兵くんも、今ではすっかり責任感と忍耐力が身についている。ほかの人が作業の手を休めるようなときでも、それを尻目に黙々と仕事を進められるようになった。もともと、気だてが優しく、面倒見がいいので、人の分まで余計に仕事をしてあげたりして、なんだかすっかり大人の対応をしている。

もうひとつの馬木葉チーム

馬木葉クラブの仕事は、外作業だけではない。『喫茶　陽だまり』や『ワークショップ　ひだまり』のためのお店仕事もある。だから、ウエイトレスや販売スタッフとしてお客さんを迎える室内担当のメンバーが必要だ。お店仕事だけでなく、施設内の清掃、給食の支度、革小物製作、と仕事は尽きることなくあり、彼らの働きは内助の功だ。

室内作業は、体調不良など諸々の理由で、屋外での労働が難しいメンバーたちが中心となっている。しかし、重度障がいを抱える希実枝ちゃん、共同作業が難しい自閉症の厚志くんは中心となって働きにくく、また病院通いをしている真由美ちゃんは週に三日ほどしか通所しないので、室内作業は実質的には、尚美ちゃんにかかっているといっても過言でない。

「みんなと一緒に外作業したいなー」という気持ちもあるけれど、「わたしがしっかりしなくちゃ、部屋の掃除は誰がやるの?」と自分にいい聞かせ、室内業務に徹している。実のところ、

腹ぺこで戻ってくるみんなのお昼ご飯をせっせと用意する縁の下の力持ち

体を動かすことがあまり得意ではない尚美ちゃんにとって、暑さ寒さに耐えながらの外作業はハードすぎる。と、自分でも自覚している。むしろ完全なインドア派。おのずと、尚美ちゃんは室内作業のチーフ的な立場に収まった。

たいてい、ひとり黙々と仕事をこなす尚美ちゃんだが、真由美ちゃんがいるときはガールズトークを楽しめるから楽しいし、仕事にも精が出る。真由美ちゃんは、通所し始めてから半年ほどの新しいメンバーだ。最初の頃はなんだかつっけんどんで、とてもおしゃべりを楽しめる相手ではなかったけれど、だんだんと態度が和らいで、とてもいいパートナーになってきた。

「尚美ちゃん！　これ見て！」と、大声で威勢よくしゃべる真由美ちゃん。

「わぁー、ほんとだぁー、すごいねぇー」と、小声でのーんびりとしゃべる尚美ちゃん。

正反対のふたりだけど、かえって相乗効果が働くのか、名コンビになりつつある。ふたりともボリュームのある体なのがまた、名コンビぶりを強調するようだ。

ことあるごとに尚美ちゃんに、「お客さんを相手にする仕事なんだから、もう少し大声を出そうね」といい続けている職員の一恵さんは、この正反対のふたりを見ていつも思う。

「このふたり、足して二で割ったら、ちょうどいいのに」

また、室内仕事は、厚志くんも希実枝ちゃんもお手伝いする。

厚志くんは掃除機の担当。朝、休憩室を隅から隅まできれいに掃除機がけして、それが終わったらソファで昼寝をするのが日課。自閉症ならではのこだわりをもつ厚志くんは、馬木葉クラブから帰った後、家でいろいろと「やらなければならないこと」がたくさんある。お鍋の底の色が変わるほどゴシゴシと徹底的に食器洗いをしたり、畳の目に沿ってきれいにゴミをとっていったり。そんなことをしているうちに、いつのまに夜半過ぎという生活パターンだ。だから馬木葉クラブで過ごす昼間の時間を、睡眠不足の解消に充てている。

でも、「あっちゃん、掃除の時間だよ、洗面台を拭いてくれる？」などと促されると、いそいそと洗面台を磨き始めるし、真由美ちゃんのいない日は彼女に代わってモップで床拭きをするのも、厚志くんの役目。彼がそうじ上手で、しかも水を使う仕事が好きなのを、室内作業チーフの尚美ちゃんはちゃんと心得ている。

一方、希実枝ちゃんは、気が向いたら道具を持ってきて、掃除を手伝う。

「きみちゃんも掃除してくれるの？　もう、掃き掃除はおしまいだから、モップで水拭きしてよね」

希実枝ちゃんはお構いなしに、せっせとほうきを動かす。

「きみちゃん、はい、こっちのモップ使って」

気が向けば、モップを受け取るし、せっせとほうきを動かすだけのときも……。

ちょっぴり気まぐれな仲間に声をかけながら、掃き掃除、モップがけ、トイレ掃除を次々と終え、今度は調理場に入り、職員の宏美さんのもとで給食づくりのお手伝い。料理の盛りつけやテーブルセッティングは、家庭的な尚美ちゃんにぴったりの楽しい仕事だ。

このように、午前中の尚美ちゃんはフル回転で忙しい。決して花形ではないが、馬木葉クラブの運営をしっかりと支えている。

うららかな日だまりの中で

外作業のメンバーも、室内作業のメンバーも、お昼まで体を使ってみっちりと働くから、宏美さんのつくる給食が本当においしい。食べることが大好きな恭兵くんは、毎回必ずうなる。

「んー、おいしー！」

恭兵くんは家でも毎食ごと「おいしー！」を連発して、お母さんを喜ばせている。

「お母さんの料理と、宏美さんの料理と、どっちがおいしい？」

そんなイジワルな質問をしてみても、彼は決してどっちとはいわない。むしろ、本気で困る。

「おいしー！」はお世辞ではなく、恭兵くんのふたりへの愛情表現だから、比べようがないのだ。

そんな、素直さと優しさを、宏美さんもうれしく受け止める。給食担当の冥利に尽きるというものだ。

さて、昼食後は、全員総出でわっと食器を洗い、恒例の食後のコーヒーづくりに取りかかり、さっさと憩いの時間に突入する。作業時だけでなくこんなときにも、馬木葉クラブのチームワークが発揮される。ただ食器を洗うだけなのに、みんなの力がぎゅっと凝縮し、その場をなんともいえないエネルギーで満たすのだから、不思議なものだ。

お昼は、ゲームでわいわいと遊んだり、それをニコニコと眺めたり、おしゃべりに興じたりとフリータイム。ときには誰かがギャラリーを集めて、歌って踊り出すことも。一日の中で一番賑わう時間帯かもしれない。

そんな中、しっかり者の薫ちゃんは、ひとり静かに表へ出ることがある。そして、ミニチュアホースのポーちゃんのもとへ向かう。馬体のブラッシング掛けの練習に日々励んでいるのだ。乗用馬のパルは、おとなしいとわかっているけれど、体が大きいのでやっぱりちょっと「おっかない」。馬場の傍らで、日がな一日草をはんでいる小さなポーちゃんなら、体高約七十センチ。いい練習台になるというわけだ。

ポーちゃんの世話は繊細さが第一なんです

馬を知る人なら察しがつくだろうが、馬は体が小さければ扱いやすいというものではない。むしろ、気の強い小型馬は少なくないし、ポーちゃんもそのうちの一頭である。虫の居所が悪いと当たり前の顔をして噛もうとする。だからブラッシングの練習は、根比べの日々でもある。

ポーちゃんが馬木葉クラブにやってきた当初は、もさもさの冬毛がところどころで毛玉になり、蹄は蹄葉炎(蹄の内部の炎症)にかかって矮小化していた。中国のてん足のように足先(蹄)が細く小さくなり、ひどい場合には立っているだけでも痛みを感じる病気だ。コンディションのいい状態とはいい難く、ブラッシングをしてあげても、気持ちいいどころか毛玉部分の皮膚に痛みを感じ、不愉快なようだった。ポーちゃんは小師牧場とは別の場所から来たらしく過去を知る由もないが、人間とのコミュニケーションを楽しもうという気構えはほとんど感じられない。

「ポーちゃん、始めるよ」

薫ちゃんがブラシ片手に声をかける。木につながれて下草をムシャムシャとはむポーちゃんは、当然のように無視。構わず薫ちゃんは、

「最初はゴムブラシ、次はプラスチックブラシ、最後は毛ブラシ」と、壮さんに教わったブラシ掛けの順番をつぶやきながら、ブラシを片手にポーちゃんに近づく。ポーちゃん、少し後ずさる。薫ちゃん、一歩近づく。ポーちゃん、また後ずさる。

練習を始めた頃は、そんな調子だった。そういうとき薫ちゃんは深追いせず、腕をぐぐっと伸ばして、遠いところからポーちゃんの背中だけを軽くそっとブラシで撫でてみる。ポーちゃんは誰にでもそんな態度なのだが、薫ちゃん曰く、

「わたし、ポーちゃんに嫌われているみたい」

だから強い態度には出られないのだという。薫ちゃんのそんな控えめな接し方が、ポーちゃんに受け入れられたらしい。練習を始めてしばらくすると、態度を軟化させ、静かに身を任せる時間が増えた。とくに喉元はかなり気持ちいいようで、鼻の下をだらんと伸ばして恍惚となる。みるみる鼻の下が伸びて、だらしない顔つきになるから、見ている方はおかしくて大笑いだ。が、薫ちゃんは真剣勝負。これでポーちゃんの心をつかんだことにはならない。まだ、嫌がるお腹まわりが残っているのだから……。

奮闘の成果か、ポーちゃんは少しずつ余分な毛が落ち、すっきりしてきた。薫ちゃんも、馬体のどこに強くブラシを当てると気持ちよく、逆に優しく撫でてあげるべき繊細な部分はどこなのか、だんだんと心得てきた。そして、昼下がりのうららかな日だまりの中で、薫ちゃんとポーちゃんだけのひとときが生まれるようになった。

いつか、ポーちゃんのブラシ掛けにようやく慣れた頃、放牧場にいる壮さんからお呼びが掛かったことがある。

「おいでー。一緒にブラシ掛けしようよー」

乗用馬にブラシを掛けようというお誘いだった。

「おっかないー」と繰り返しながらも、薫ちゃんはいそいそとブラシ用具一式を取りに行った。

初の乗用馬のブラシ掛け！　ドキドキだ。

薫ちゃんの記念すべき第一回目の乗用馬のブラシ掛けは、今は古巣の牧場で余生を過ごしているサンタという名の道産子。決して大きくない馬体だが、ポーちゃんに比べたら格段に大きい。顔の大きさだって倍近くもある。さっそくこの一大イベントを見物しようと、メンバーたちがわらわらと集まってきた。のんきな野次馬たちは、薫ちゃんの緊張などお構いなし。

「薫ちゃん、がんばれー」

「サンタもがんばれー」

口々にエールを飛ばす。メンバーの中で馬の世話に直接関われるのは、このとき、まだ薫ちゃんだけ。みんなにしてみれば大先輩の晴れ舞台だ。

ブラシを手に、サンタの隣に立ってはみたものの、薫ちゃんはさっぱり要領がわからない。さぁ、この巨体の（に思える）サンタをどうしよう。とにかく、ポーちゃんと同じというんだから、同じようにやってみよう。

「ねぇ、壮さん、こんな感じ？」

「もっと力を入れていいよ」

「こんな感じ？」

「それじゃ撫でているだけだよ、もっともっと！」

どうやらポーちゃんと同じ力加減では、皮膚トラブルのないサンタにとっては物足りないらしい。それに温厚な性格だから、気難しいポーちゃんと違って、そうそう噛みついてもこないらしい。ならば……とぐっと力をこめてみる。その拍子に、サンタが足を踏み出した。いつもクールな薫ちゃんに焦りの表情が浮かび、いつにない大きな声で、壮さんに助けを求める。

「あー、壮さん、サンタが歩いちゃう」

薫ちゃんには、大きなサンタの動きを制することができないのだ。

「リードをもってさ、頭を柵に向けてごらん」

「こう？」

「そうそう。で、引き綱を柵にひょいっと引っかけてみて」

「えー、それだけー？」

とたんにサンタは足を止めた。見物メンバーからはどよめきが上がる。

「すごーい」

「なんで繋がなくてもいいの？」

「サンタ、本当に歩いていっちゃわないねぇ」

外野は、やんややんや。けれども、ブラッシング中の薫ちゃんはそれどころではない。すがるような目で、壮さんを振り返る。

「ねぇ、壮さん、これで合ってる？」

質問されると、壮さんはすぐそばで、ちゃんとお手本を見せてくれる。

「プラスチックブラシは、こうやってガシガシこすってやるんだ。そうすると、血行がよくなる。マッサージになるんだよ」

プラスチックブラシの役割をていねいに教えてくれる。いつもの通り、作業のもつ意味をきちんと解説してくれる。マッサージと聞いては、撫でてばかりもいられない。薫ちゃんは、ぎごちなくも腕に力をこめ始めた。

サンタは気持ちがいいのか、静かに目を伏せている。ポーちゃんがいつも喜ぶ首まわりから、広い背中、ぽこんと丸くふくらんだお腹、なだらかな曲線を描くお尻まで、順繰りにブラシを進める。たった今、泥浴びを楽しんだらしいサンタの脇腹には、泥が固まっている。こすったらパラパラと砂地に泥の落ちる音がした。泥がすべて落ち、毛並みがなめらかになるまでプラスチックブラシを撫でつける。ポーちゃんの倍くらいある長い四肢も、ていねいにブラシ掛けした。

「よし、今日はそんなところでいいんじゃないかい？」

壮さんから、終了の合図。薫ちゃんは全身でほっとひと息。同じ馬でも、体つきや性格がずいぶん違うんだなー、と改めてしみじみ思っている。見守っていたメンバーは待ってましたと馬たちに駆け寄る。手に手においしそうな青草を持ち、「サンター、よかったね」と、その草をむしゃむしゃほおばるサンタに話しかける。

春のうららかな陽射しが降り注ぐ午後のひととき。人も馬も、こんな穏やかな時間が大好きだ。

ちょっと楽しい？ 馬場の整備

「そろそろ、午後の作業始めるぞー！」

壮さんの声が響く。釧路は、日が短い。昼過ぎには、太陽がそろりと傾き始める。のんびりしていたら、あっという間に夕方の気候になるので、その前に今日の外作業や、天日に干した寝藁の始末をしなければならない。

「よーし、今日の午後作業は、馬場均しと石拾い！　あと、誰か寝藁をひっくり返してきて！」

「はい！」

午前中に干した寝藁をひっくり返し、まだ乾ききっていない裏面の藁を表返す作業は、慣れればひとりでもほんの二〜三分でできる。さっそく二馬房分二名が、自主的にフォークを手にとり、各馬房へ走っていった。このあたりの呼吸はさすがにいい。残ったメンバーは、シャベルと一輪車を転がして、馬場に集まった。

壮さん曰く、馬木葉クラブで行っているような牧場の仕事は、天候や状況によって仕事内容が日ごとに変わるので思考力と柔軟さを求められるが、一方では、作業の見通しが立てやすく段取りを考えるのが容易という一面もある。これは、知的障がいのある人にとって、大きな強みとなる。いちいち細かい指示を出さなくても、メンバー自身が次の行動を考えて対応する流れが、馬木葉クラブでは当たり前になっている。

この日の作業、馬場均しは、一般的には大型の熊手のようなハローと呼ばれる道具を使って、表面をざざーっと掻く。きめ細かな砂が一面に敷き詰められた馬場では、それで砂地を平らにすることができるのだが、お手製の馬場を持つ馬木葉クラブはちょっと事情が違う。まずもって、土壌に恵まれていない。有名な釧路湿原が目と鼻の先とあって、見事な泥炭地。雨が降ると人が歩くだけでも足がめりこむほど、ぬかるむ。馬が歩くとなおひどく、あちこちにクレーター状の穴が生まれる。やがて馬場が乾くと、今度はそのクレーターの形状を残したまま干上がり、表面がぼこぼこの馬場になってしまう。だから、定期的なメンテナンスが必要なのだ。起伏のある敷地の中で、比較的平らな土地を柵で囲い、石ころを取り除き、ギリギリの量の砂をまいただけの素朴な馬場ならではの悩みである。

さて、メンテナンス作業は、こんもりと盛り上がっている辺りからシャベルで土をすくい、クレーター穴にどさどさと放り込む、完全な人力作業。土の中やクレーター穴には無数の石ころが埋まっているので、同時に石拾いも行う。幅二十メートル、長さ六十メートルの広さの馬場では、なんとも途方のない作業だ。でも、この穴に足をとられて乗用馬がつまずいてはいけないし、せっかく来てくれるお客さんにも、安心して乗馬を楽しんでもらいたい。そんなわけでメンバーは、いつもせっせと馬場均しに精を出す。

シャベルですくった土は一輪車に積んで、めざすクレーター穴まで運搬するのだが、湿り気を含む土壌だけに車輪をとられ、必要以上に重く感じる。バランスを取りながら、足場の悪い馬場で一輪車を押すには、力だけでなくコツも必要だ。「おっとっと」と、ときにはバランスを崩して一輪車をひっくり返し、土をざざーっとこぼしてしまうことも。一輪車を運ぶ者、土を掘る者、クレーター穴を埋める者、誰もがふうふうと息を切らす重労働。

それにしても、淡々として、退屈な作業。拾った石をただ集めるのもつまらないし……誰からともなく石投げ遊びを始めた。うまく一輪車に投げ込めれば当たり、外したらアウト。

「どいて、どいて」

「わー、すごーい、そんな遠くから！」

「恭兵、うまーい」

大のゲーム好きの恭兵くんは、こうした遊びにすぐ熱を上げる。だんだん、盛り上がってきた。仕事に専念していた人も、シャベルを持つ手を止め、仲間が投げるのを見学し始めた。

「ちょっと、そんな大きな石やめなよー」

「大丈夫、大丈夫！」

ガシャーン。一輪車のへりにぶつかって、大きな音が鳴る。

「こらぁー、終わらないぞー！」

だいたい最後は、壮さんのカミナリが落ちて、ジ・エンドだ。

みんなでできる草刈り仕事

馬場均しや石拾い以外にも、乗馬クラブ運営のための仕事は山ほどある。日常的な仕事のひとつは、馬たちのための青草刈り。飼料として乾草や穀類などを毎日食べる馬にとって、新鮮な青草はごちそうだ。敷地も飼育環境も限られていて、周囲に点在する多くの牧場のような緑広がる放牧地などとうてい望めない馬木葉クラブでは、おいしそうな青草を施設周辺から刈り取って、馬たちのもとへせっせと運んでやる。

春から夏にかけてのこの季節は、青々とした草をたっぷりと刈れる絶好シーズン。馬を愛する壮さんは気合いが入る。

最初はおっかなかった鎌もすっかりなじみの仕事道具に

「おーい、みんな集合！」

号令をかけ、前面に回転刃が大きく迫り出した草刈り機を抱えて現れた。

「これから草を刈っていくから、刈られた草をがんばって拾って、集めてくれよ！　いつもいうように、草刈り機の刃にぶつかったら大ケガするから、ぜーったいにこの前には来ないこと！」

「はーい！」

草刈りはメンバー全員がたずさわれる仕事。普段は室内で過ごすことの多い厚志くんも、ひょこひょこと手伝いに出てきた。

こだわりの強い自閉症の厚志くんは、馬房には近づけない。正確にいうと、馬房の前面に広がるコンクリート床に近づけない。そこのコンクリートを、どうしても片っ端からはがしたくなるからである。コンクリートの一部は網の目のようにひび割れている。これは、すべて厚志くんがはがした後、職員たちがばらばらのコンクリート片をかき集め、ジグソーパズルのようにていねいにはめこんだ跡だ。

コンクリートを素手で剝がすなんてとんでもない怪力。色白でひょろっとした厚志くんのどこにそんな力があるのかと驚かされるが、それほどまでに彼を突き動かすのは、自閉症特有のこだわりの強さと衝動にほかならない。一度そちらに気持ちが向かうと、「ダメ」と止めても、彼の中に苛立ちとフラストレーションを生むだけだ。相手によっては、厚志くんの「ゲンコ」が降ってくることとも。彼にはちゃんと、手を出してはいけない相手と、そうでもない相手がいる。基本的に、自分よりも大きくて強い者、逆に絶対的に弱い者には手が出ない。この弱い者には動物も含まれる。

いつだったか、ミニブタの夢ちゃんに鼻でグイグイとおしりをこづかれたときのこと。厚志くんは、痛いから止めてほしいのだけれど、コミュニケーション下手だから夢ちゃんをうまくたしなめられず、周囲の人にもうまく伝えられず、ひとりでもぞもぞと身をよじりながら困っていた。普段見慣れない厚志くんの本気の困り顔に、みんなおかしくて大爆笑だ。最後には夢ちゃんを引き離して助けてあげたけれど、小さなミニブタに最後まで手を上げなかったことに、職員たちはちょっぴり驚かされたものだ。それも、彼なりのこだわりなのだろう。

そういう、自分の意志ではなかなかコントロールできないこだわりや衝動をもっている厚志くんは、馬房掃除にたずさわれない。外で作業するとき、厚志くんの行方には、みんなさりげなく気を遣う。

「馬房の前は通りませんように！」

「コンクリート床に気を取られませんように！」

幸い厚志くんは、草を拾って一輪車に集める作業が楽しいようで、白い頬を紅潮させてがんばっている。コンクリートのことは頭にないらしい。一同、ほっ。

少し離れた場所では、別のメンバーたちが草刈り鎌を片手に、手作業で草を刈っている。壮さんがほかの仕事で忙しくても、メンバーたちはいつもこうやって鎌で青草を刈って、馬たちに届けているのだ。

手作業とはいえ、数人でわっと作業すると、十五分ほどで一輪車が青草でいっぱいになる。もちろん、このときもチームワークが発揮される。ほかのメンバーを見渡して手薄な場所を選ぶ、草刈りが得意ではないメンバーのために刈りやすい場所をつくってあげる、まとまった青草を適当なタイミングで集めて一輪車にまとめる、と指示はなくても上手に協力体制を組む。

ある日、室内作業を担当している尚美ちゃんが、鎌をもって草刈りに参加した。初めての草刈りデビューである。理由は、直前にひと悶着あったからだ。

「お天気いいから、外で草刈り作業に参加してくれれば？」

午後のひとときの、宏美さんの何気ない一言がきっかけ。

「行かない」と即答する尚美ちゃんに、

「なんで？」

「頭が痛くなるから」

それを横で聞いていた壮さんが、さっそく問いただした。

「草刈りしたら、絶対に頭が痛くなるの？　どうして、しないのにわかるの？　それは理由じゃないよ。尚美ちゃんが、草刈りしたくないだけだ。もし本当に頭が痛くなったら作業を止めればいい。そんなおかしな理由は世間では通用しないよ」

自分勝手な言い訳をしたことについて、追求されてしまった。

常日頃、「外作業をすればダイエットになるなぁ。でも室内作業や革グッズの製作があるから外作業はできないなぁ」とこぼしている尚美ちゃん。本当のところは、外作業は大変だから気が進まない、という気持ちがあるらしい。それがぽろっと出てしまった。その日、「外作業しなさい」といわれたわけではないのだが、心機一転、草刈り作業に自分から進んで挑んでみることにした。

ここで、意外な展開に。尚美ちゃんは日頃、ひとりで仕事を進めることが多いため、そのマイペースぶりが露呈されたのだ。人との距離が近くてもお構いなしに、自分にとって草を刈りやすい場所を陣取り、刈りやすい方向へ鎌を動かす。相手にしたら、いきなり目の前に現れて、近い位置で鎌をふるわれるものだから、たまったものではない。「えー」という顔をしつつ、意に介さない尚美ちゃんに少し困惑しながら、自分のおしりを少しずらして、適度な距離を空ける。そこには「初めて外作業に参加したんだから、仕方ないか」という優しさも見え隠れするが、そうした仲間の気遣いに、尚美ちゃんは無頓着なようだ。チームワークによって培われる協調性の有無が、歴然と現れることとなった。

また、鎌という凶器にもなりうる道具を扱うときは、ほかの人と適度な空間を保つのがマナーである。鎌をもつなりの個人スペースだ。それは、草刈りのルールとして誰かから教わるのではなく、日頃から「人を傷つけうる」道具を使って作業する者としての、当然の心得である。外作業メンバーたちは、自然とそうした心得が身についている。このようなスキルは、どんな仕事にも通ずるし、世間でも評価されるはずだ。

尚美ちゃんは、作業着のつなぎに身を包み込むことで、ボリュームのある体が余計にころころになっている。ただでさえのんびりした動きが、ますます緩慢に。「よいしょ」としゃがみこみ、二〜三回鎌を動かして青草をひと握り刈り取ったら、「よいしょ」と立ち上がって、刈った草を置きにいく、という具合だ。そして、一回立ち上がるたびに、少しの間立ちつくしてひと息いれるものだから、なかなか進まない。鎌の持ち方も不自然で、一度に刈れる量はほかの人の半分程度だ。

初めてなのだから、仕方ないとはいえ、決して効率のいい動きではないし、働きぶりとしては半人前。しかし、たいていのことを器用にこなせる尚美ちゃんとしては、これくらいの作業はすっかり「できている」つもりのようだ。そして、「疲れたぁ」を連発して、休憩を入れながら、マイペースでゆっくりと働いている。ぐいぐいと手を進め、効率のいい動きを見せるほかのメンバーの様子は、ほとんど目に入っていないようだ。

北海道とはいえ、初夏の日射しの中、地面にしゃがみこんでの草刈りはラクではない。大の大人だって、いい加減、疲れてしまう。尚美ちゃんが「疲れたぁ」というのも当然だ。しかし、この出来事によって、意識を共有するということ、たとえばこの場合は「草刈り、がんばるぞー」という気持ちの一体感に乗れるか乗れないかの差が垣間見られた思いだ。やはり、日頃の共同作業の経験がものをいうようだ。と同時に、黙々と草刈りに従事する外作業メンバーたちの、日々の積み重ねによる体力と精神力の強靭さが、改めて浮き彫りになったようだ。

尚美ちゃんもこの後、外作業に参加する機会が増え、仲間との連係やすり合わせが上手になっていく。すべては、経験だ。

毎日、牧場仕事がいっぱい！

乗馬クラブを運営するための仕事は、まだまだある。

例えば、藁切り。馬木葉クラブでは、馬にヘイキューブ（圧縮牧草）のような高価な飼料ではなく、藁を与えている。藁を一～一・五センチの長さにチョンチョンと短く切って、食べやすいように切りためるのも作業のひとつだ。たいてい、外作業メンバーで手の空いている人が、ハサミを片手に飼料置き場にうずくまり、おしゃべりしながら地道に作業する。内職みたいで、わりと気楽な仕事。

あるとき、好奇心旺盛な希実枝ちゃんが藁切り作業の見学に来た。作業場のすぐ傍らで熱心に見入っている。「きみちゃん、やってみるかい？」と声をかけ、ハサミとひと掴みの藁を手渡すと、希実枝ちゃんは見よう見まねで果敢に藁を切り始めた。ざっくざっくと、ちょっと大胆。

「えーっと……もう少し短い方がいいかな。このへんね」。

すかさず教えられた一センチ幅で、引き続き、ハサミの音をチョッキン、チョッキンと響かせて切り進める。口をへの字に曲げて、ものすごい集中力。いつもの希実枝ちゃんと、ちょっ

青空の下、チョッキンチョッキンと楽しいなぁ

と違う。

十八歳のときにてんかんの発作を起こして高熱を出し、その後遺症で障がいの度合いが進んだ希実枝ちゃんは、以前は全寮制の養護学校で学び、身の回りのことを自分でこなしたり、料理をたしなんだり、自転車に乗ったりもした、自立心あふれる積極的な性格。普段、外作業にはほとんど関わらず、自由人らしく、ふらりと散歩や昼寝を楽しむことが多いが、ふとした拍子に作業意欲を燃やし、ド根性をのぞかせる。果敢に藁切り作業をする姿は、まさに希実枝ちゃんの真の姿なのだろう。

馬木葉クラブでは基本的に仕事の強要はない。誰もが、自分にできること、やりたいことを選び取る権利を持つ。その上で、仕事への責任感を問われるというスタイルだ。希実枝ちゃんの場合、責任感については特別免除されつつも、やる気次第で作業に加われる。そんなときは意欲満々で、作業に没頭する。そのときのタスクもきちんとまっとうする。希実枝ちゃんは、何もできないのでも、何もしないのでもない。むしろ働くことをすごく楽しむ人。彼女には、奮起したタイミングで作業に取り組める馬木葉クラブの体制が肌に合っているようだ。

そのほか、馬木葉クラブの重要な仕事に、堆肥づくりが挙げられる。馬場の脇にあるボロ山で、堆積したボロを発酵させ、堆肥をこしらえているのだが、ただボロを積み上げておくだけでは理想的な堆肥にはならない。時々、シャベル片手にボロ山を掘り起こし、風を入れて、むらなく発酵させる必要がある。

いっぺんにもっともっとたくさんの藁を運ぶぞー

これは主に男性陣の仕事。北国とはいえ、春先ともなればねっとりとした熱気が立ち上るボロ山。そのてっぺんに登ってシャベルを振り回せば、もう汗だくだ。しかも発酵が進んでいるボロのシュールなにおいが、汗と熱気にまみれ、体中にまとわりつく。だからこれは男の仕事。普段は薫ちゃんという女性リーダーに仕切られている、ちょっぴり頼りない男の子たちだが、汗を飛ばしてボロ山と格闘する姿はなかなかかりりしいものだ。

男の仕事といえば、ロール状で納入される藁（通称ロール）をほぐす作業も、かなりの重労働。壮さんはさすがにスペシャリストだから、ロールにざくっとフォークを突き立て、くっと力を込めるだけで、いっぺんに多量の藁をほぐすことができる。うまいし速い。フォークを突き立てるポイント、力の込め方、上手なほぐし取り方。どれをとってもコツがあるわけで、もうそれは体得するしかないのだが、メンバーたちはまだそこまでうまくできない。フォークをぐさっとロールに差そうとするが、深くまで差し込めず、足でフォークを踏み込み、全体重を乗っけてみる。腰を落としてふんばってみる。差した藁をほぐし取るのに、力点を生かそうとするが、結局は力まかせ。作業が終わる頃にはふらふらだ。ボス、壮さんへの道のりは遠い。だからみんな現状に満足など、まったくしていない。いつも、「壮さんみたいになりたい！」と上をめざしている。

こうした細々した仕事は、いちいち壮さんの指示を受けることなく、自分たちで気づいて自発的にやるレベル。

「壮さーん、ロールやろうかー？」

「おう、たのむー！」

そんな調子である。それもそのはず、みんなは壮さん自慢の「チーム・馬木葉」なのだから。

馬木葉クラブの経営を支える

一方、室内でも、馬木葉クラブを支える仕事が毎日行われている。メインは、革グッズの製作である。馬木葉クラブにとっては安定した収入を得られる重要な収入源だ。だから日頃から職員はもとより、メンバーの有志がせっせと革グッズづくりに勤しんでいる。週末のイベントなどにブースを出して行う出張販売は、革商品が飛ぶように売れる絶好のチャンス。そのため、イベントの直前ともなると、ボランティアさんや、メンバーのお母さんたちも参戦して、急ピッチで商品製作が進められる。

ここに大活躍するのが、尚美ちゃん。彼女は手先が器用なうえに凝り性。もともと手芸などの細かい作業が好きで、アクリルたわしの製作を特技とするほどだから、革グッズづくりはおまかせあれだ。昼の給食の片付けが済むといつも、製作コーナーの固い木の椅子に腰掛け、黙々と小物をつくり始める。馬木葉クラブの革商品は、職員の力作の大判バッグから、どのメンバーも楽しんでつくれる携帯ストラップまでラインナップが幅広いが、尚美ちゃんはちょうど中堅どころ。小物入れやカードケースなどを手がけることが多い。ともにシンプルデザインで、本

バラエティに富むオリジナル革商品のラインナップ

体とマチの革、そして縫い糸の色の組み合わせがポイントだ。

「尚美ちゃん、そ、それは……」

時折、尚美ちゃん独自の色のセンスが発揮され、職員の軌道修正が入ることもあるが、凝り性の彼女の仕事ぶりはパーフェクトで、職員たちは大いに頼りにしている。

とにかく、彼女の集中力は相当なもの。職員や、手伝いに来てくれたボランティアあるいはお母さんたちが井戸端会議を楽しみながら作業にあたるのに反し、作業中はだんまりと真剣勝負。存在感あるはずの大きな体が、見事なまでに気配が薄れる。

のんびりやさんの尚美ちゃんは「ねぇねぇー、これぇ、みてぇ〜」と話し方ものんびりしている。周りの人への影響力も強く、みんな、ついついそのテンポに巻き込まれ、体の力が抜けてスローペースになってしまうというすごさがある。革グッズ製作はみんな手を速く動かしたいから、尚美ちゃんのだんまりぶりを、「ま、ちょうど、いいか」と思ってやり過ごしている。

製作コーナーは、店内でも陽の当たらない一角にこじんまりと設置されており、決して明るい場所ではないのだが、作業中は誰もが（尚美ちゃん以外）手を休めず口も休めず、おしゃべりに花が咲くので、なんとなくみんなが寄り集まる温かいスポットになっている。穴開けやハトメのパンチングをする木槌の音がコンコンコンコンコーンと響き渡り、職人的な活気に満ちていたりもする。その雰囲気が心地よいのか、外作業が忙しくないときなどは、男性メンバーも手伝いに入る。

やがて、お客さんが訪れた。挽きたてコーヒーを飲もうと、町外れの馬木葉クラブまで足を伸ばしてくれたようだ。ここは釧路の市街地から車で十分ばかり離れたロケーションとあって、飛び込みのお客さんは滅多にない。馬木葉クラブのことを知っていて、応援してくれるお客さんがほとんどだ。おかげで、心にゆとりのある優しい人が多い。馬木葉クラブのメンバーは、最初こそ恥ずかしがったとはいえ、優しいお客さんたちのおかげで、みんな立派に接客できるようになった。

「ハキハキと、大声でね！」と小声で後ろからささやかれながら、尚美ちゃんがお客さんの席に向かう。

「いらっしゃいませぇー、何にいたしますかぁ?」

がんばって普段よりは、まのびを抑えた声でオーダーをとり、一恵さんや宏美さんに知らせる。コーヒーやクッキーの用意ができたら、お盆に乗せて、こぼさないように慎重に、でもさっさとお客さんの元へ。

「どうもありがとう」といってもらえる、うれしい仕事だ。

実は、こうした日々の業務の成果を発揮できるチャンスがめぐってきた。その名も、『にこにこ食堂』。釧路町が主体となって、コミュニティセンターで一カ月に一度開店する地域食堂だ。地元のご婦人方がボランティアで、ボリュームも栄養もたっぷりの手づくりランチを格安で振る舞い、近隣の方々に交流の機会を提供している。お客さんが食後ものんびりとコーヒーなどを飲みながら、おしゃべりを楽しむ場だ。

釧路町の町報で、『にこにこ食堂』がボランティアのフロアスタッフを募っているのを知った一恵さんは、すぐに動いた。

「接客業を身に付けている馬木葉クラブのメンバーなら、きっといい働きができるに違いない! いつも、ボランティアされる側の立場だけど、ボランティアとして地域貢献できるいい機会になればいいいし、馬木葉クラブを地域の人に広く知ってもらう好機になるかも!」

との思いで電話をかけた。

「あのー、馬木葉クラブと申しますが……うちのメンバーたちに、ぜひボランティアさせてください！」

この意外な申し出に、『にこにこ食堂』のスタッフたちは、実のところ少々不安をもったようだ。全員でミーティングを開いて話し合った。いったい、「障がい」をもつ人が一緒に働けるものだろうか……。地域交流のための事業とはいえ、お客さんをお迎えする食堂で不都合は起こらないだろうか……。

馬木葉クラブとしては「うちのメンバーたちは働き者ですよ！」と胸を張っていえるのだが、日頃のメンバーの働きを知らない『にこにこ食堂』のスタッフたちにしてみたら、歓迎したい半面、不安を拭いきれない。しかしミーティングの最中、ひとりのご婦人が潔くいった。

「もし上手に働けなくても、いいじゃないですか？　終わって、みんなで仲よくごはんを食べられれば、それでいいじゃないですか！」

この一言が決定打となり、「受け入れ体制云々より、まず一緒に働いてみよう！」とみんなが前向きな気持ちになって、月一回の馬木葉クラブのボランティア参加が決まった。

新しい仕事の知らせに、メンバーは全員大はりきり。とはいえ、一度に参加できるメンバーは二名。そしてこれが逆に効果的だった。普段の仕事をがんばってスキルアップした人が『にここに来てもらえるという新しいルールができ、作業意欲の刺激になったからだ。毎月、指名発表は『にこにこ食堂』の前日。次は誰だろう、とみんな興味と期待でいっぱいだけれど、ギリギリまでおあずけ、というサプライズ的なお楽しみがある。何かと肩に力が入る吏央くんなどは、発表の瞬間、「いよいよ自分か！」と毎回、大学の合格発表くらいの緊張ぶりだ。

けっきょく初回の代表として先陣を切ったのは、しっかり者の薫ちゃんと、愛きょう者の恭兵くんだった。仕事内容は、お客さんが店頭で購入した前売券を受け取り、厨房に知らせ、できあがった食事を配膳すること。どのお客さんが何を頼んだか覚えておかないといけないし、馬木葉クラブの喫茶店と違って、ご飯から汁物までずらりと乗った重いお盆を運ばなくてはならない。メンバーにとっては大舞台だ。

薫ちゃんは、本人曰く「緊張したぁ」らしいけれど、いつものように悠然としていて、ちょっとのことでは慌てず騒がず、安定した働きを見せた。恭兵くんも、最初こそ上がり気味だったけれど、すぐに持ち前の愛きょうでスタッフのご婦人方のハートをがっつりとつかみ、くるくるとかわいがられて帰ってきた。結果は、大成功である！　馬木葉クラブのメンバーは、『にこにこ食堂』のスタッフの不安を見事に払拭したのだ。

慣れない環境での、慣れない仕事に戸惑うのは、最初だけ。スタッフのご婦人方に温かくサポートされ、だんだんと仕事のコツを覚え、初日のうちにみんなすっかり仕事を覚えてしまう。年配客の多い中、ほめられ、かわいがられ、気分上々。最後には、ご婦人方のおいしい手づくりランチをいただける、実にオイシイ仕事なのである。

以後、派遣されたメンバーはみんな、すばらしい働きを示し、今では、

「馬木葉クラブがいないとお店がまわらない！」

「みんなのおかげで、食堂がぐっと明るくなりましたよ」

とまでいわれるように。馬木葉クラブは、力仕事から接客業まで多彩な仕事をこなしつつ、経験をバネにさらに経験値を広げる、チャレンジ精神あふれる施設に成長している。

そして、一日が終わる

釧路で、日中の日射しを浴びられるのはほんのひととき。午後三時をまわる頃には、気温がすっと下がる。そろそろ、放されている馬や、下草をはんでいるヤギたちを、馬房や小屋に連れ戻す時間だ。朝の作業と同じメンバーが、同じ持ち場で作業につく。各馬房にきれいな寝藁

を敷き直し、水桶にたっぷりの水を用意する。

外作業と平行して、室内作業組も夕方の片付けに入る。喫茶店が盛況な日は、カウンターバーのシンクに、午後の来店客に出したカップやお皿がどんと積まれる。職員の一恵さんは一日の売り上げ計上や事務作業に追われ、宏美さんは調理場の清掃をしているから、「やっぱりわたしの出番」と、尚美ちゃんがいそいそと食器洗いを始める。尚美ちゃんは、家でも簡単な料理をするくらいだから、家事は得意なのである。その後は、朝の光景と同じ。ほうきやモップを持って、ちょっぴり気まぐれな仲間に声をかけながら、施設内を駆けずり回る。

やがて外作業チームも仕事を終えて、室内掃除に合流。ゴミを捨てたり、洗濯ものをたたんだり、外作業で使った長靴を整えたり。

「みんな、すごくよく働いてくれるから本当に助かる！」と、日頃から職員がありがたがるだけあって、自分たちだけでさっさと仕事も片付けも済ませてしまう。そして帰りの時間まで、休憩室でくつろいだり、仲間とゲームをしたり、外でボール遊びをしたりと、時間を有効に使って過ごすのだ。このオン／オフの使い分けは、一生懸命働くからこそ身についた生活習慣だ。

帰りの時間も、朝と同じ。日直の希実枝ちゃんが司会進行する。

「これから帰りの会を始めます」と一恵さん。

「あじえあす（はじめます）」

たいてい帰りの会は、みんな淡々としているのだが、唯一「お給料日」だけはウキウキした表情。とくに高校を卒業後、授産施設などの経験なしに馬木葉クラブに来た恭兵くんは、生まれて初めて自分で稼いだお金になるから、「お給料」制度が始まった当初は朝から満面の笑みだったぐらいだ。

1日の仕事を終えて、オフタイムはくつろぎの笑顔

一番最初の「お給料日」に先駆けて、壮さんはメンバーたちにひとつの提案をしていた。

「みんなー、初めてのお給料を何に使う？」

メンバーは全員、買い物好き。あれを買おうかこれを買おうかと、さまざまな意見が飛び出した。そんな中、恭兵くんの発言。

「お母さんに、何か買ったげる」

恭兵くんは、普段からとてもお母さん思いの男の子だ。初の「お給料」で、お母さんに何かプレゼントするという。そらきた、と壮さん。

「お給料をもらえるのは家族のおかげだよね。お父さんやお母さんが、毎日食べるものも着るものも用意してくれるから、ここに通って来られるんだ。だから、いつものお礼に、何かプレゼントするといいんじゃないか？」

今度は、何をあげたら親たちが喜ぶか、さまざまな意見が飛び出す。喧々囂々《けんけんごうごう》、だんだんプレゼントが豪勢になってきた。

「気持ちなんだから、高いものじゃなくていいんだよ」と、笑いながら壮さん。

「うん、じゃあ」

「お、なんだ、吏央？」

「最近出た○×のCD」と、自分のお気に入りの歌手の名を挙げる吏央くん。

「え……それって、自分が欲しいんじゃ……。話、聞いてた？」

と、そんな会話が奏功したかどうか。とにかくみんな、初給料を有意義に使ったようだ。

こうして騒がしくも穏やかな馬木葉クラブの一日が終わる。がやがやとメンバーが送迎バスに乗り込み、心地いい車の振動に揺られて帰路につくと、職員たちはほっと安心顔。

馬たちもまた、切り藁まじりの夕飼い（夕食）をごりごりとおいしそうに食べながら、送迎バスのエンジン音が遠ざかるのを聞き、一日が無事に終わったことを知るようだ。あとは明け方の、白く静寂なひとときまで、馬房で静かに身を休めるだけである。

第三章　「馬木葉クラブ」に来てよかった！

二〇〇五年の開所以来、山の施設の激動の八カ月、里に下りてきての再スタート、新事業への取り組み、施設の構造改革と、馬木葉クラブは走り続けてきた。職員一同には、時間が飛ぶように過ぎていく三年半だったが、メンバーたちにとっては、一日一日が馬の世話で充実する濃厚な日々。季節が移り変わるにつれ、心身ともにたくましく成長していった。馬を通じた、それぞれの成長は、春の新芽のように鮮やかで初々しく、そして勢いがある。

パワーの源は、馬。馬を中心とした豊かな環境こそ、馬と暮らし、馬を養い育てる施設、馬木葉クラブの原動力だ。そこには、共に働く仲間と職員たちの強い絆があり、立場を超えた深い関係があり、ひとつの大家族のような底なしの温かさがある。

みるみるたくましくなるメンバーたち

「とにかくみんな、体力がなかったなぁ」

馬木葉クラブが開所した頃を振り返り、馬方として外作業を監修する壮さんはしみじみという。

「施設は山の中腹にあったから、当然上り下りの坂があるわけだけど、そういう坂道をちょっと上るだけで、もうみんなへとへと。気温が上がると三十分ほど外にいるだけで、すぐにぐだー、だらーとなってしまうから、仕事にならないんですね。さぼるとか休むとかじゃなくて、へたばってしまうというのかなぁ」

仕事のノウハウ以前の問題として、メンバーたちには基礎体力がなかったのだ。ボランティアなどがまいってしまうほどパワフルに仕事も遊びもこなす今のメンバーたちからは想像しがたい話だ。馬房掃除は五分もすれば全身ポカポカ。慣れない人ならほぼまちがいなく、翌日は筋肉痛に見舞われる。それをメンバーたちは今、毎日悠々とこなしているのだ。壮さんが、初期の頃に実感した顕著な変化は、ひとまずメンバーたちの体力の向上だった。

「馬木葉クラブは戸外での作業が多いから、体力がないんじゃ、話にならない。どうなることやらって思ったけど、タフさとか持久力といったものが、少しずつだけど出てきました。毎日の積み重ねって大事だなーと改めて思いましたね」

今も忘れられない印象的なシーンがある。当時十八歳の恭兵くんが走るのを初めて見たとき！

「恭兵は、完全に肥満児でした。テレビゲームが大好きなゲーマーで、日頃から運動不足。食べ物の好き嫌いが多く、好きなのは肉料理という食事傾向も原因だったかもしれないけど、とにかくものすごく疲れやすかった。身長は低いのに体重が七十キロもあったから、まずどんなときでも走らなかったんですよ」

メンバーを急かせるときに「走れー！」と声をかけ、ほかのメンバーが、だーっと駆けていっても、恭兵くんは少し歩みを早める程度で、ひとり、のしのしと歩き続けた。しかも、疲れると石のように動かなくなって、「ふぅー、ふぅー」と大きな息をする。

「そりゃ、心配しましたよ。まだ十代と若いんだし。でもある日、初めてみんなにつられて走り出したのを……小走りでこちらに向かってくるのを見たとき、ぼくはうれしくてうれしくて、そのとき恭兵をぎゅーっと抱きしめてしまいました！『よかったなぁ、走れたじゃないかー』っていいながら。一歩前進したな、と思って、本当に涙が出そうなほどうれしかったんですよ」

健やかな生活は、健やかな体から、である。これは生活の基本姿勢だ。

近年、障がい者スポーツが盛んに行われるようになり指摘が高まっているのが、この点である。すなわち基礎体力の向上。スポーツを通じて心身の健やかさを手に入れられると、多くのアクティビティが注目されている。

障がいを抱えていると、えてして運動不足に陥りがちだ。それは、必ずしも身体的な問題だけではない。例えば「ひとりでは出かけられない」など、生活圏が限定されることで運動量が制限されたりする。

馬木葉クラブの場合、毎日の作業がスポーツに匹敵する、いや今のメンバーたちのバイタリティを見ると、それ以上の運動量をもたらしているようだ。毎日、こつこつと作業に取り組む中で、メンバーたちは少しずつだが着実に体力をつけていった。

寒い冬でも額に汗してせっせと働くみんなの姿には、肉体労働ならではのたくましさがある。たくさん働いてたっぷり食べるから、体格もみるみるよくなり、日焼けした肌がたくましさを強調。そう、メンバーたちは全体に恰幅がいいのだ。

開所当時、メンバーには広く肥満傾向が見られた。そこで、馬木葉クラブならではのダイエットを呼びかけることにした。

「このままじゃ、乗馬クラブが完成しても、重量オーバーで馬に乗れないぞー！」

乗馬には重量制限がある。馬の背は、タフなように見えて実は繊細だから、無理に体重の重い人を乗せると背中に負担がかかってしまう。馬木葉クラブのように一〜二頭と飼育頭数が限られているところは、おのずと馬のケガや故障にかなり気を遣うことになる。静養中の代打がいないことで、一頭でも故障すると当然、経済的なしわ寄せがくるからだ。そうすると、馬をゆっくり休ませることができず、無理を強いるという悪循環に陥る。そういう事情により、重量オーバーの人は馬に乗せられないことになっている。

せっかく一年間世話をしてきて、馬に乗れないのではつまらない。メンバーのほとんどは、真吾さん率いる余暇支援事業の中で、乗馬を体験している。乗馬のおもしろさも楽しさも知っていて、「馬に乗りたいなー」と心から思える。「ダイエット」の一言に思い当たる人は、さっそくその抱負を書き表した。

「ダイエットをして馬に乗る」

「年内に十キロやせる」

それまで体型など気を遣わなかった人ばかり。でも、

「あと五キロ落とさなきゃ」

「このへん、きついんだよねぇ」

日頃から体重に気を配るようになり、食べ過ぎにも気をつけるようになった。恭兵くんなどは、お母さんと一緒に早朝散歩を始め、またたくまにウエストのベルトが緩くなった。もちろん、ダイエットはいうほど容易くないから、うまくいく人ばかりではない。しかし、「馬に乗る」、ただそれだけのことが、意識の改善にまでふくらんでいく様に驚かされるばかりだ。馬という存在がもたらす波及効果である。

とにかく、馬とともに生活しながら馬に乗れない山の施設での日々を、メンバーたちは悶々《もんもん》と過ごすのではなく、かえって来たる日を心待ちにして毎日を謳歌していた。そして、肝心の

体重の方はさておき、体力的にはみるみるたくましくなっていったのである。

メンバーたちの最初の関門

メンバーたちの成長ぶりを一番身近でつぶさに見ていたのは、壮さんだ。

真吾さんから馬木葉クラブの立ち上げ話を受け、初めて釧路にやってきた壮さんは、当然のことながらメンバーとは誰ひとりとして面識がなかった。メンバーたちがそれぞれどんな人柄なのか、これまでどんな生活をしてきたか、普段の生活環境はどうかなどまったく知らず、「みんなで一緒に馬の仕事ができるなんて楽しそう！」と期待に胸をふくらませて、馬木葉クラブの生活を迎えた。ところが、さっそく作業に取りかかってみると……。

「いざ働こう、という段になって、みんなが道具の使い方も身のこなし方もさっぱり知らないことに、すごくびっくりしました。ほうきですらきちんと持てないんです。おかしな握り方して、おかしな体の動かし方をしてね。だから掃き掃除も満足にできてなかったですよ」

ほうきの持ち方からひとつひとつ教えてあげなければならないようだ。この思いがけない状況に、道は険しいとつくづく思ったという。

「前にいた施設で庭の草刈りの仕事をしてた人がいるって聞いたけど、本当かなぁ、と首をかしげてました。だって道具の使い方が本当になってなかったんだから」

馬房掃除の必須道具、フォークの使い方にも苦慮した。フォークは先端が尖っているから、使い方を誤ると危険。でも、フォーク無しには馬房掃除は始まらない。どうすれば、安全に円滑に作業を進められるだろうか。

「しばらくは、みんなのフォークの使い方が危なっかしくて、現場を一時も離れられませんでした。いつか誰かがケガするんじゃなかろうかってヒヤヒヤで、作業の間ずっとそばに付きっきり」

壮さんも大変だったけれど、メンバーたちも同じくらい、壮さんの熱血指導に閉口しただろう。壮さんには、「うまくできなくても仕方ない」とか「無理しなくてもいいよ」といったお手やわらかさはなかった。そこには、「動物を飼育する者たるや責任をまっとうするべき」という根拠があったわけだが、よくわからないまま、中にはただ家族の希望に従って馬木葉クラブに通い始めたメンバーたちもいて、壮さんの求める意識レベルにはほど遠かった。それでも素直なメンバーたちは、慣れない作業に面食らいつつ、壮さんの熱意に押されて、少しずつ道具づかいから覚えていった。

そんな状況下だったが、壮さんはメンバーの働きの未熟さを「障がい」のせいには一切しなかった。道具や体の使い方が下手なのは、障がいが原因なのではなく、単に経験不足のせい。ではなぜ経験不足かというと、彼らが障がい者としての人生を歩んできたから。ならば、どんどん経験を重ねていけばいい。それが、壮さんの考え方である。

一般に、知的障がい者の身体機能は、健常者と大差ないとされている。ただ、経験の乏しさや発達の緩やかさが、身体機能の低迷、ひいては作業能力の低下に結びつくとされている。だから、人生初の仕事が多い馬木葉クラブで、メンバーたちは海綿のようにぐんぐんと新しい体験を吸収し、経験値をどんどん広げていった。

「馬木葉クラブに来るまでのみんなの生活を、ぼくは直接知りません。ただ、ずっと馬の世界で働いてきたぼくとしては、これまで体を使った仕事をほとんどしてこなかったんだろうなぁ、という感想が先立ちました。手仕事のような作業が多かったんでしょうね」

何はともあれ、気持ちは大切。慣れない仕事だろうから、と気持ちがつまずかないように、褒めて褒めて、褒めまくって、やる気を促した。たとえ些細なことでも作業に進歩があるとすかさず

「すごい！　たいしたもんだー！」

と力強く褒めたし、毎日のように

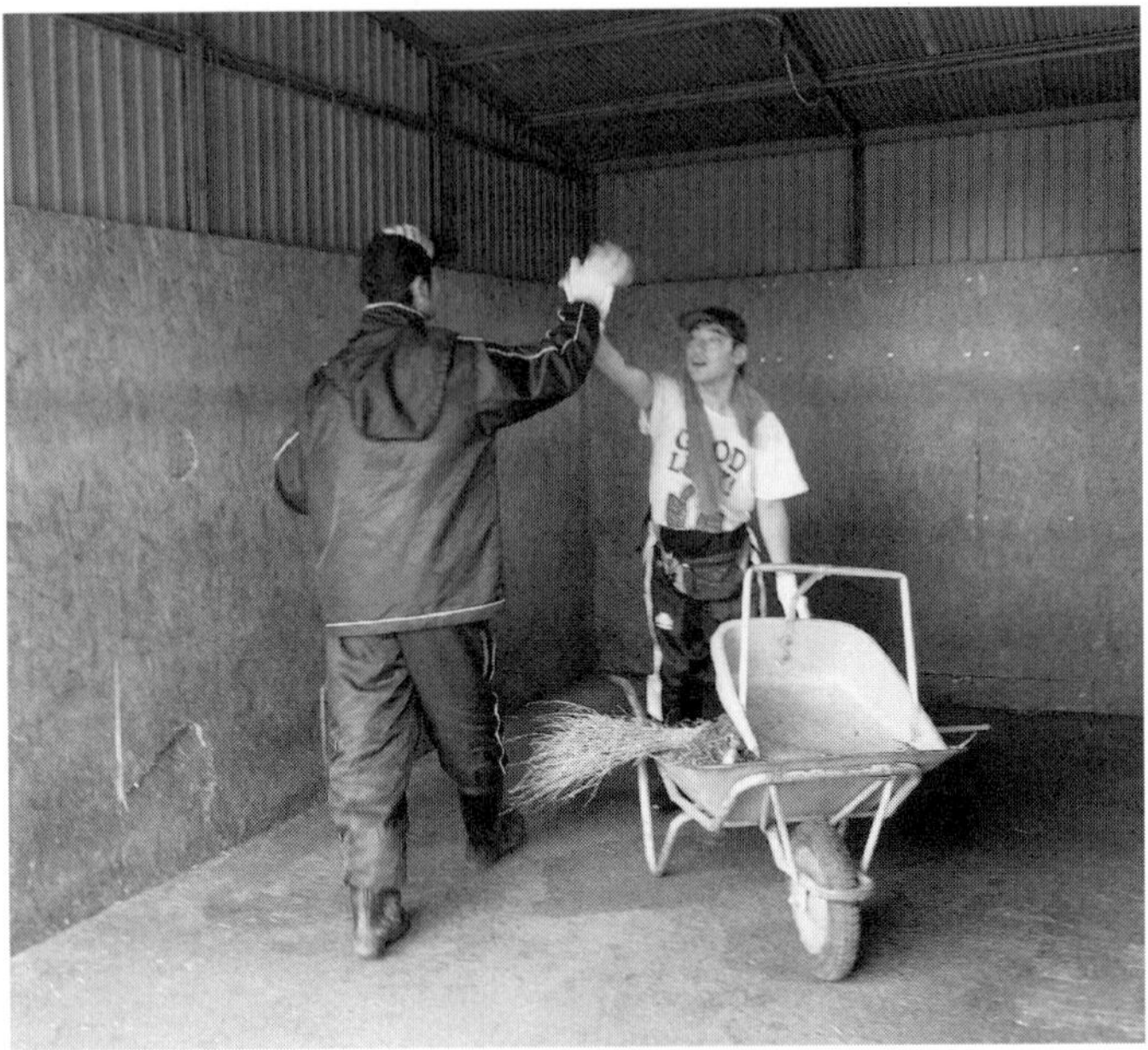

一生懸命働くほど楽しいし、気分爽快。そんなこと、とっくに知ってる！

「みんなぁ、最高だー！」

と叫んでメンバーたちを鼓舞した。

元気いっぱいの壮さんのペースに引き込まれて、メンバーたち自身も活性化し、作業能率も少しずつ上がっていったようだ。「馬木葉クラブって楽しいな、馬の仕事ってやりがいあるな」という思いが浸透していった。

ただし壮さんは、ただ楽しんで仕事をしてもらうために、みんなを盛り上げていたわけではない。ここに、壮さんの下で外作業をするにあたっての約束事がある。

〈壮さんは馬木葉クラブにおいて、動物の飼育業務の全責任を負う身であり、メンバーはその下で働くスタッフである。外作業のすべては壮さんが管理し、方針を定め、みんなを導く。もし壮さんに従えないとか、馬の仕事を辞めたいと思ったら、いつでも申し出てよろしい。その代わり、やるからには壮さんの指示にきちんと従うこと〉

これが外作業メンバーと最初に交わす約束だ。

「働くからにはボスに従う」

一般的な職場にも通ずる基本姿勢である。

「馬房掃除は、決して強制ではない。仕事の妨げをするぐらいなら、みんなの迷惑になるので作業から外れてもらいたい」

壮さんは初めにきちんといい渡していた。気まぐれや勝手なわがままなどで場の空気を乱すことは、壮さんの前では許されない。馬やそのほかの動物たち、命ある者を抱えている馬木葉クラブには、彼らの健やかな生活を守る義務と責任がある。同時にそれが、馬木葉クラブをさまざまな形で訪れてくれるお客さんの安全に繋がる。生半可な気持ちで作業に参加するぐらいなら、むしろ身を引いてもらってよろしい、というのが壮さんの方針だ。山の施設時代はまだ、乗馬クラブはオープンしていないし、喫茶店も営業していないので、実際にはお客さんと呼べる相手はいなかったのだが、壮さんは常に、福祉施設の利用者というより、一般施設のスタッフという意識をメンバーに求めた。

「メンバーが約束を果たすべき状況にあってそうしなかったとき。つまり、仕事中にきちんと作業に取り組まず、働きたくないんだろうなとぼくが判断したとき。ぼくは、その人を無視することにしていました。作業したくないならないで結構ですよ、というメッセージを込めて。言葉であれこれいうより態度で示し、その人はいないものとして全体の指示を出すようにしたんです」

最初の頃は、壮さんに無視されて初めて「これはまずい」と気づく状態だった。そんなときのみんなは、くじけたりふてくされることなく、危機感からすぐに姿勢を改め、逆に「置いてかれないように！」と真剣みを増して、食いついてきたそうだ。仲間に謝って、きちんとけじめをつける経験もここでたくさんする。

「みんなが一番嫌がるのは、疎外されることとみたい。仲間に除け者にされたり、見放されたりするのをすごく嫌がります。どの社会でも当たり前なことだけど、とくにみんなには顕著に感じます。だから、置いて行かれないように、と必死になるのでは。全員、ぼくに一度は無視されているから、焦ったり悔しかったり腹立ったり、いろんな思いをしているんじゃないでしょうか」

けっきょく、社会とはそういうものだ。周囲に適応し、協調する姿勢がなければ、どんな人間だって疎外されてしまう。自立するには、籠の鳥ではいられない。馬木葉クラブで、メンバーたちはそうした社会ルールを、身をもって知った。壮さんというボスの下で働くからには、彼のやり方に従う。それができないなら馬の仕事は続けられない。当たり前のようだが、ともすると社会の中で保護されがちな立場のメンバーたちにとっては、努力を要することだった。壮さんの流儀は、社会自立に向けた関門となったようだ。

仕事の取り組み姿勢が培われる中、メンバーたちはやがて、馬の生活を支える大変さや喜びをものにし、馬木葉クラブのスタッフという自覚と誇りを持ち始めていった。このような心理的変化の中で、みんな必ず大きく変貌する。途中から馬木葉クラブに加わる人も、最初の半年から一年でずいぶん変わる。

「○○ちゃん、変わったよねぇ。以前は……」

という会話は、馬木葉クラブでは日常茶飯だ。

そのうちに、壮さんに無視されるかどうかのレベルではない、高い心構えができていった。それに伴い、壮さんの接し方も作業レベルも、どんどん厳しさを増していく。

「今は、何だって責任もってやるのが当たり前。上手にできたからって、いちいち褒めたりしません。逆に、不足があったら容赦なく指摘します。でももう、みんな根性ついてるから、叱られてもめげないでがんばってますよ！」

道具の扱い方に眉をひそめたのがウソのよう。今や壮さんが現場に張りつくことはなくなり、メンバーを信頼し、作業はほぼおまかせだ。安心して、乗馬レッスンなど自身の仕事に勤しむことができている。

乗馬に引き馬、馬とのお散歩

馬木葉クラブの活動は、馬の世話がメインで、普段メンバーが乗馬をすることはほとんどないが、時々お楽しみで午後に乗馬タイムが設けられる。

「よーし、今日の午後はパルに乗るか！」

昼休憩のときに壮さんの鶴の一声があると、「わーい！」「いぇーい！」と歓声が上がる。わずか一時間余りの間に、とっかえひっかえメンバーが乗り変わるわけだから、ひとりの乗馬時間は馬場をくるりと二～三周する程度。それでも、馬の背に揺られるのは楽しく、うれしいものだ。

「ヘルメット、合わない～」

「これ、一緒に使えばいいいっしょ」

「グローブ、グローブ」

てんやわんやで身支度を整え、馬場に集合！

ここでさっそく、観光牧場とはひと味違う、馬木葉クラブらしい指導が展開される。

まず乗馬の方法。馬の背をまたいで乗るための乗降台はほとんど使わない。壮さんのサポートとともに、馬の左サイドから飛び乗りをするのだ。

「いいか、一、二、三、それ、ジャーンプ！」

「よいっしょ……、あれ？」。ずるずる。失敗。

壮さんに助けられて、どっこいしょと飛び乗り!?

さっと飛び乗れればいいが、もたつくと、うまく乗れず、馬体にぶら下がる格好で馬に余計な負荷をかけてしまう。体重が重いほど、馬は「うっ」という顔つきになるし、イラっとした馬が文句をいいたげに首を向けることもある。本人は馬に乗ることに意識が集中していて、馬の様子にまでなかなか気が回らないけれど、実はこのときすでに馬とのコミュニケーションは始まっている。馬場の外で見守っている仲間にはそれがよくわかる。

「あ、パル、なんか顔が我慢してる」

「あ〜ぁ、乗ろうとしてるのに、嫌がってるよー」

馬の仕草を見て、馬の気持ちを想像する。それがギャラリーにはいい勉強になるのだ。

とにかく飛び乗りは、壮さんのようにさっと一瞬で高い馬上に飛び移ることがままならず、なかなか難しい技である。

メンバーにとって乗馬レッスンはレクリエーション感覚なので、競技志向の指導はなく、たいていバランスと姿勢の軌道修正で終わる。

「乗馬をすると、体のバランスの偏りが顕著に現れるから、メンバーそれぞれの体のクセを理解するのにもいいんですよ」と壮さん。

ただし、毎週乗馬クラブに通って馬に乗り慣れている吏央くんはさすがにうまい。日頃から動物への接し方がとても上手な動物好きの恭兵くんも感性がいい。このふたりは、短い時間ではあるがインストラクター・壮さんの指導をしばしばと受けられる数少ないメンバーだ。壮さんは、道内の障がい者乗馬の競技会に、「いつか出場させてあげたい」と思ってもいる。それにはもっともっと練習が必要で、今の馬木葉クラブには時間的にも労力的にも、そこまでの余裕がないのが残念だ。

一度、みんなで浦河まで大会の見学に行ったことがあるから、記憶力のいい吏央くんなどはしっかりとその光景を覚えていて、ちょっぴり大会を意識している。

最初は少しおっかないから壮さん、そばにいてね

「壮さんと昔一緒に働いてた人たちがね、来年はおいでよ、だって。大会？　うーん、なんか難しそうだけど、出たい気持ちもある」

一方、馬上ではいつも緊張し、体が固くなって前屈みの姿勢をとってしまう正土くんは、ほかのメンバーほどは乗馬が楽しみではないらしい。

「馬上では上半身をリラックスさせ、馬の歩行リズムに体をあずけることでその振動を吸収し、ラクに乗ることができるんです。上体の力をほどよく抜くことが、自分のバランス保持にも繋がる。だから、正土くんのように体をきゅっと縮こめてしまうと、馬の振動とぶつかりあって、自分自身が窮屈な思いをしてしまうはず」

ゆっさゆっさと揺られる馬の背は、正土くんには、あまり居心地よくない場所のようだ。

そんな正土くんが見出したのは、引き馬の楽しさ。周囲の様子を観察したり、状況を把握するのが得意な正土くんだから、馬の顔色をうかがうのはお手のもの。なおかつ、自分で馬をリードできるところが、おもしろい。

どちらかというと普段は、事の成り行きを見守るタイプで、積極的に物事に介入しない性格。トラブルが起こっても、その場で自ら解決を図るより、馬木葉クラブの職員を呼んでどうにかしてもらおう、という他力本願なところがある。その点、引き馬は自分と馬だけの世界だ。自分が主導権を放棄したら、馬の思うがままに引っぱられてしまうかもしれない。かといって、パルはそれほど身勝手ではなく、人間がリードを握っているからには、その人の指示を仰ぐつもりでいる。そのため、リードを握る正土くんに進行方向を委ねようとする。そこの譲り合いが、正土くんを刺激する。

「次はどっちに進めばいい？」

パルが、正土くんに尋ねるように、静かに顔を向ける。

正土くん、最初は固まって立ちつくすも、馬も立ちつくすままなので、二〜三歩動いてみる。馬もついてくる。

ちょっと手応えを感じ、へんな方向に向かってみる。馬もついてくる。

「おもしろい」

そんな思いが生まれたのか、馬の顔をたびたび振り返りながら、歩みを進めていくようになった。

職員たちが言葉でいろいろ話しかけ、正士くんに意志確認を求めても、シャイな彼は無言でするりと逃げかわしてしまうことが多いのだが、馬の静かな問いかけには、しっかりと向き合って応える心のゆとりが生まれるのだろうか。正士くんは仲間のギャラリーがいる手前、少し照れながらも、喜んで引き馬を楽しむようになった。

その点、乗馬の先輩である吏央くんは、引き馬があまり得意ではない。馬への目配りがなかなかうまくできず、まっすぐ前を向いてぐんぐん自分のペースで歩いてしまうクセがある。

「吏央、ちゃんと馬のこと、見ろよー」

壮さんに指摘されると、「はい！」という元気な返事とともに、ちらりと馬の方へ顔を向けるのだが、馬の表情に留意するわけでもなく、またすぐ前に向き直り、ぐんぐん歩き続けてしまう。

それぞれ、得意、不得意がある。乗馬や引き馬の時間は、メンバーそれぞれの性格や個性が如実に表れるひとときだ。

中には、馬に乗ったことはないけれど、馬とのアクティビティを楽しむ人もいる。重度障がいを抱える希実枝ちゃん。彼女は、初めは馬をとてもおっかながって、遠巻きに見ているだけだった。馬だけでなく動物はみんな怖かった。彼女のお母さん曰く、

「動物って、触ったことがなかったから、接し方がわからなかったんだろうねぇ」

それが馬木葉クラブに通い続けるうちに、徐々に緩和され、大きな乗用馬に近づいて青草をあげられるまでになった。そして、みんなが乗馬をするときは、馬場へ見学にやって来るようにもなった。

「きみちゃんも馬に乗るかい？」

声をかけられると、まだ怖がって身を引いてしまうのだが、それでも興味津々な様子。実際のところ、恐怖心をもったまま乗馬したら、興奮して馬上で暴れてしまう可能性があるので危ない。

「よし、じゃあ、きみちゃん。リードを持って一緒に歩いてみるかい？」

馬と一緒の散歩に誘ってみた。馬場の中で、馬と壮さんと三人で足並み揃えてのお散歩だ。ルールはふたつ。馬場の中ではヘルメットをかぶること、馬と歩くときは壮さんと手をつなぐこと。

希実枝ちゃんは、ちょっと興奮してきょろきょろしたけれど、まんざらでもなさそう。手を引かれて、馬場の入り口まですんなりとやって来た。少しヘルメットをかぶることを嫌がって

馬とのお散歩、楽しすぎておかしすぎて、腰が抜けてしまうことも

すったもんだしたが、それが馬場でのルールだと観念したのか、なんとかヘルメットを着用。馬場の中へ初めて足を踏み入れた。

もうそれだけで大興奮！　笑い上戸の彼女は、ケラケラと笑いが止まらない。いきなりその場で笑い崩れ、座り込んでしまった。

「きみちゃーん、ほら、歩こう」

パルを従えた壮さんが手を差し伸べ、手をつないで、なんとか一緒に歩き出しても、おかしくてたまらないものだから、すぐにその手を振りきり、笑って立ちつくしてしまう。

「ゲラゲラゲラ、ヒー、ゲラゲラ」

「きーみちゃん。三歩しか歩いてない

て後ずさってしまう。
再び歩き出すも、馬がぬぅーっとこちらへ顔を向けるなどの仕草を見せると、今度は怖がっ
「ふー（なんとか笑いをこらえる）」
よ。もうおしまいかい？」

「きみちゃん、大丈夫、大丈夫。ほら、おいで」

かと思うと、また喜びと興奮で大笑いしながら、馬場の真ん中に座り込む。

このアップ・ダウンの繰り返し。とても三人で足並み揃えてお散歩、というわけにはいかない。ちょっとずつ歩みを進め、馬場をくるりと小さく回ってその日は終わった。それが二〇〇六年春の出来事。

そのあともメンバーが乗馬するとき、希実枝ちゃんは馬との散歩を繰り返し、やがて秋がめぐる頃には、馬場に笑い崩れて座り込むことがなくなった。馬のちょっとした動きに過敏に反応することもなくなった。しかも、壮さんと手をつないだり腕を組むのではなく、彼と一緒に馬のリードをもって、文字通り、馬と足並み揃えて歩けるようになった。ヘルメットだって、自分から進んでかぶる。

「ケラケラケラー」

「おーい、きみちゃーん」

あいかわらず、うれしさのあまり途中で笑ってしまったり、ときにはリードを手から放して、その場に立ち止まってしまったりするが、いつのまにかとてもスムーズに馬場を一周歩き通せるようになった。前はあんなに怖がっていたのに、ずいぶんな変化！

いつか馬と呼吸を合わせる楽しさに目覚め、馬とふたりきりで歩くことができたらな、仲間の姿を見て乗馬にも感心を持ってくれたらすばらしいな、と職員は秘かに期待している。

というのも、希実枝ちゃんは人の感情を敏感に察知する、すばらしい天分の持ち主。気持ちを共有できる相手には極上のボディランゲージで親愛の情を表すが、そうでない人には平気でふいっと横を向く。人知れず落ち込んだり心がふさいでいる人には、やや強引ながら素敵な抱擁をくれるし、楽しい気分の人にはイタズラをしかけて遊びに誘ったりする。彼女の笑いのパワーがまたすばらしい。彼女が笑うと、周囲の人は必ずといっていいほど顔がほころぶ。気分屋ながら、こうした繊細さを持ち合わせる彼女は、今後、馬や動物たちとどんな交わりを持ち、コミュニケーション能力を身につけていくのか、その広がりがますます楽しみな女の子だ。

馬との関わり方は人それぞれ。「ホースセラピーとは……」「障がい者乗馬はこうあるべき……」といった固定観念にとらわれず、自由な発想を持つことを馬木葉クラブは第一にしている。馬がいる環境から生まれる、メンバーたちの成長につながるあらゆるチャンスを常に提供し続けたいと願っている。

動物との豊かな触れあい

メンバーに影響を与えるのは、馬だけではない。馬木葉クラブには、馬のほかにも魅力的な動物たちがいる。

たとえば、アリスという名の一頭のボーダーコリー。真吾さんの飼い犬のアリスは、毎日彼と一緒に通勤し、日中を馬木葉クラブで過ごしていた。ボーダーコリーは、もともとは牧場を駆けめぐるのが仕事の活発な牧羊犬。アリスも例外ではなく、敷地中を活発に走り回り、みんなに交じって生活していた。敏捷ながら、おっちょこちょいな一面があり、仕草のかわいらしい子だ。ボーダーコリーは警戒心が強く、見知らぬ来訪者に向かってはけたたましく吠えて向かっていく一方、仲間には強い愛着と忠誠心を示す。メンバーの中には犬が苦手な者も少なくなかったのだが、遊び好きで明るく素直な性格と、仲間としてのゆるぎない愛情を見せるアリスのおかげで、次第にみんな犬好きになっていった。やがてメンバーたちは、次々と犬を飼い始める。

まず初めは、親元を離れてひとり暮らしをしている薫ちゃん。自分の下宿先では飼えないので、近所の実家でモモという名のトイ・プードルを飼ってもらっている。

「見てー、これモモ」

携帯電話の待受画面は当然モモだ。

「モモ、かわいいね」

「うん、すごく甘えん坊なんだ」

薫ちゃんは、馬木葉クラブから帰宅後、毎日会いに行って世話をしている。

「昨日、モモのシャンプー行ったよ」「モモったらさ……」

モモと遊んだり散歩に行ったり、買い物をしたりドッグサロンへ連れて行ったりと、目に入れても痛くないかわいがりよう。人見知りがひどかった内向的な薫ちゃんの、最高のパートナーである。

続いて正土くんの家でも、姫という名のシー・ズーを飼い始めた。正土くんはもともと、犬をとても怖がっていたのだが、アリスと過ごすうちにずいぶんと慣れていったようだ。その様子を見て、犬好きのお母さんは念願の仔犬を迎え入れた。正土くんのためというより、自分のためかも。

「こんな小さな犬が一頭いるだけで、家の中が明るくなるんだよね。私は昔から犬が好きだから、生活が一変してうれしいわ」とお母さんはうれしそうに話す。

正土くんもすっかり犬好きになった。お母さんが姫を連れて馬木葉クラブを訪れると、リードを握り、「かわいい!」とみんなが集まるのを、うれしそうに見ている。飼い主として、ちょっと得意顔だ。

さらに、動物が一切ダメ。小さな生き物でさえ、そばに寄ると大騒ぎしていた希実枝ちゃんの家でも犬を飼い始めた。薫ちゃんのモモ(トイ・プードル)や正土くんの姫(シー・ズー)のような小型犬ではなく、ラブラドール・レトリーバーに似た大きな犬だ。黒いから、名前はクロポチ。馬木葉クラブで暮らす動物たちの故郷、小師牧場で生まれた仔犬である。

希実枝ちゃんは、そのときの状況や気分で態度が大きく変わるため、アリスにとっては実は苦手な相手だった。それでも、希実枝ちゃんが機嫌よくアリスを撫でるときには、怪訝な顔をしながらも静かにじっとしていた。それが奏功したのか、希実枝ちゃんの動物への態度が和らぎ、とうとうクロポチとの暮らしに至る。

「お互いに遊びを仕掛けたり、ふたりで寄り添って寝たりしてね。すごく平和な光景です」とお母さん。

以前の希実枝ちゃんなら考えられない自然な態度だ。クロポチの方も、希実枝ちゃんにはちゃんと手加減するし、彼女の過剰な態度にもしごく寛容、とふたりの仲は上々だ。

二頭のヤギも愛きょうがあり、かわいがられている。ダイダとハイジと名付けられたヤギたちを、毎日小屋から出したりしまったりするのは、吏央くんの役目。おとなしいパルではぐんぐんとマイペースに引いてしまう吏央くんだが、ちょこまか動き回るヤギはそうもいかない。

「ちょっと待って待って！　そっち行くなよぉ」

草を求めて勝手に動き回るヤギを相手に、いつも吏央くんの真剣な大声が響き渡る。

ときには、二頭いっぺんに引き連れることも。きちんとヤギたちに集中し、ヤギが好き勝手に動かないように制止し、ヤギも自分も呼吸を整えてから移動を始めないと、リードがこんがらがってしまう。吏央くん自身がリードにぐるぐる巻きにされ、身動きとれなくなったことも何度もある。

ちょこまか動くヤギに翻弄される毎日です

「いいか、待てったら待てだよ」「ちゃんと、気をつけして、気をつけ！」「ほら、いくぞ」

いつの頃からか、動物に視線を向けて、コミュニケーションを図りながら行動するといった姿勢が見られるようになった。引き馬ではできなかったことだ。

ヤギに手応えを感じたか、最近は犬の散歩にも精を出すようになった。家が近所の宏美さんと飼い犬のチェロの散歩に時折同行することがある。リードを引いて近くの公園に行き、チェロにボール投げなどもしてみる。馬木葉クラブから帰宅後、お母さんが仕事から帰るまでひとり留守番することが多い吏央くんに、日常のお楽しみがひとつ増えたようだ。

馬木葉クラブでの作業能力の向上は、実際のところ家庭生活に反映されにくく、家族にはその成長ぶりがなかなか伝わらない。しかし、こうやって動物と仲良しになるといった、許容範囲の広がりのような内面的な変化は、家族も一緒に分かち合えるものだ。

みちがえた薫ちゃん

薫ちゃんは、馬木葉クラブに通うようになって、みちがえるように変わったひとり。

前の施設にいたとき、薫ちゃんは、すごくおとなしくて、すごく人見知りで、ほとんど誰とも口をきかず、ほとんど笑わず、動作も緩慢な内気な女の子だった。

「何年も知ってるけど、薫ちゃんの声を聞いたことがない」

という当時の職員がいるほどだ。そこへ、真吾さんが職員として現れる。明るくて生き生きしている真吾さんに積極的に話しかけられ、ついつい返事などしているうちに、少しずつ心を開くようになる。そうした関係から、真吾さんについて自然と馬木葉クラブに移ってきた。

「最初、馬木葉クラブのことを聞いたときは、山の施設で馬がいて畑があるなんて、楽しそうと思った。ダッシュ村（『ザ！　鉄腕！　DASH!!』日本テレビ系）みたいって」

ジャニーズ好きの薫ちゃんらしい発想。そんなたわいない想像をしていた程度だ。何か大きな生活の変化を求めていたわけではない。

けれども、ほかのメンバーがあまりにもにぎやかで楽しいものだから、最初は物静かで控えめだった薫ちゃんも、気づけばその輪の中でたくさん笑うようになっていた。そして、種々の仕事をダントツに早く覚えた彼女は、いつのまにかみんなのリーダー格として慕われるように。自信もついて、仲間へ作業の指示を飛ばしているうちに、おのずと貫禄も出てきた。

休日にメンバーたちと遊ぶときだって、薫ちゃんはなんだかみんなのお姉さんみたいに、気配りと目配りを絶やさない。

「薫ちゃんと一緒にいるから、安心」と、メンバーの保護者たちからもしっかり信頼されている。


—薫ちゃんは、馬の仕事のスペシャリストだね。

薫　うーん、でも難しいよ。

—薫ちゃんみたいに上手でも、やっぱり難しいと思うの？

薫　私、細かいところにずーっと目がいっちゃうから、一度気になると、そこばっかり気になっちゃって。
――へぇ？　いろんなところに目配りできていると思うけど？
薫　時間見たり、ほかのメンバーの様子見たり、なるべくそうするようにしてる。
――薫ちゃんは、馬木葉クラブのリーダー格だもんね。
薫　みんな、私のこと怖いみたい(笑)。男の子たちも、怖がってるよ。壮さんも私のことあまり怒らないしさ。
――それだけ信用されてるってことじゃない？
薫　うーん、たぶんね。男の子がやったことだと思って、壮さんが「こらー、誰がやったー！」っていうときに、「あ、私」っていうと、「あぁ、そうか」ってなる。
――裏番長みたい（笑）
薫　ふふふ
――馬木葉クラブの経験を生かせば、牧場でりっぱに働けるんじゃない？　いつでもお嫁に行けるねって、いつもいわれてるもんね。
薫　ふふふ。でも、やだー。近くにビデオ屋やコンビニがないとダメだよ。あと、ジャスコ（釧路一のショッピングセンター）みたいに洋服買えるところと。

―町に近い牧場なら、いいんじゃない。

薫　いやー、本当に近くじゃないと、歩いていけないから。雪降ってビデオ返しに行けなくなったら困るもん。家はやっぱり町の真ん中がいい。

―じゃあ、馬木葉クラブに通う今のスタイルが合ってるね。

薫　うん。

―いつか就職したいと思う？

薫　まだ、わからない。

―就職するとしたら、どんな仕事してみたい？

薫　それも、わからない。

薫ちゃんは、親元を離れて下宿し、日常生活をりっぱにこなしている。身の回りのことだけでなく、実家にいる愛犬モモの世話にも余念がない。毎月の生活費の中から上手にやりくりして、馬木葉クラブの利用料も給食費もきちんと納めている。メンバーたちにいつも、「めざせ、薫ちゃん！」「いつかは、薫ちゃんのように！」と目標とされている存在だ。

それならすぐにでも社会に出られるかというと、それは彼女には荷が重いかもしれない。一見すると何でもできそうなのだが、それは人知れず甚大な努力をするからこそ。例えば、新しいメンバーやボランティアが訪れたら、薫ちゃんは帰宅後にその人の名前をノートいっぱいに何度も書きつづって覚えるようにしている。次に会ったとき、きちんと相手と話ができるようにだ。

また、自分から冒険して物事を変革していくのが苦手で、何か新しいことに挑戦するときはとても慎重だ。時間をかけたスモールステップが大切なのだ。だから、馬木葉クラブから飛び出してどこかに就職したり、はたまたお嫁に行こうという人生の転換は、今のところまったく予定にない。

「馬木葉クラブで培った自信と経験を糧に、自らの手で人生を切り開いていく日が来るといいな」と職員は思っているが、その点、福祉施設でありながら社会経験も十分にできる馬木葉クラブは、今の薫ちゃんにはぴったりの居場所といえるだろう。

自立生活に挑戦、正土くん

すらりと背が高く、見た目はりっぱな青年の正土くん。でも馬木葉クラブに来るまでは、まるで小さな子どもだった。洋服のボタンもうまくかけられないし、靴下も自分で上手に履けないから、全部お母さんにしてもらっていた。本当はやればできるだろうに、やらなかった。

というのも、知的障がいを持つ男の子に多い症状なのだが、どこか動作がぎこちなく細かい作業が苦手なため、身の回りのことをしてもらうクセがついていたのだ。また、言語障がいのせいで、いいたいことがあっても人に伝えられないもどかしさがあり、いいたいことをわかってくれる優しいお母さんにすっかり頼りきり、たくさんワガママをしていた。

ところが、馬木葉クラブは事情が違う。ワガママをいえないのはもちろんだが、いろいろと要求される仕事が多いのに最初はとても戸惑ったはずだ。正土くんにしてみたら、作業着に着替えるのからして、ひと苦労。つなぎをすっぽり着ても、なぜかえりが内側に入ってしまう始末。作業もうまくできないから、みんなが器用に馬房掃除をする間、なんとなく立ちつくす時間が多かった。

作業がうまくなると仕事にますます精が出る

「正土くん、こっちの馬房、おいでよ」
寝藁作業に誘われても、フォークをうまく扱えないから所在なさげにしているだけだ。疎外感のせいか、どことなく寂しそうでもあった。

そんな日々が過ぎ、とうとう少しずつ自分から道具を手にして、仕事を覚え、今に至る。また、馬木葉クラブでは、こっぴどく叱られる経験もした。家族以上に自分のことを叱ってくれる真吾さんや壮さんは、ちょっぴり怖い兄貴的な存在だ。

「兄貴たちの前では、ぴしっと働かなければ！」と少しずつ、自意識をもって行動するようになった。そうしたら、できる作業がぽつぽつと見えてきたし、道具に触れることで、徐々に使いこなせるようにもなっていったという具合。

馬木葉クラブに来た当初は、長い手足がなんとなくゆらゆらして足取りのおぼつかなかった正士くんだが、今は足場の悪い地面でも、ゆるいゴム長靴でしっかりと歩き回っている。そして、みんなと一体になって働ける喜びをしっかりと味わっている。

「い、の。や、ぐ（きのう、やきゅう）」

臆さずに職員や仲間に話しかけ、昨晩テレビでやっていたスポーツ試合の様子を楽しそうに話すようにもなっている。

その正士くんに一大事が起きた。町のグループホームへの引っ越しだ。

三十歳を過ぎた正士くんがお母さんに依存しすぎているのは、職員はもとより、お母さん自身がひしと感じていた。だから引っ越し計画が持ち上がったとき、思い切って賛同し、職員三人とともに秘かに準備を進めた。なぜ、秘密裏かというと……。

「正土に知れたら、絶対に嫌だといって、家の中で大暴れするわ」

正土くんは体が大きいだけに、家でワガママを通すとき、いつしか腕力を使うようになっていたのだ。お母さんの腕にはときどき青いアザができている。お母さんがグループホームの生活を決意した理由のひとつだ。

案の定、引っ越しの前日に話を聞いて、正土くんは大興奮。そうとうショックだったのか、兄貴分の壮さんが傍らにいるにも係わらず暴れて、それを静止する壮さんとふたりでごろごろと取っ組み合いになった。長い手足をぶんぶん振って暴れるのだから、たまったものではない。小柄な壮さんは髪を振り乱し、息を切らせながら必至に組み伏せた。

引っ越しの一件は、家庭の問題だ。本来は馬木葉クラブの領域ではない。けれども、壮さんは馬木葉クラブという大家族の一員として、正土くんの将来のために体を張り、説得にあたった。

翌日、正土くんはしぶしぶグループホームに移った。平日の五日間は、そこで過ごすことになっている。壮さんの家から五分の距離だから、

「何かあったら、いつでも呼べよ。すぐに駆けつけるからな」という壮さんの言葉が、頼みの綱だ。

正土くんは、あの手この手で壮さんを困らせ、グループホーム暮らしを断念させようとがん

ばることにした。真夜中にSOSを出して、壮さんを呼び出すなんてのは序の口。ある朝は、送迎バスで迎えに来た壮さんを一時間近く足止めさせた。

「玄関に下りてこないから、部屋まで迎えに行ったんです。そしたらベッドマットか何かでドアの内側をふさいで、バリケードをつくってる。バリケードといっても、すぐ開いちゃうんだけどね。でも一応、ドアをすき間だけ開けて、大丈夫かい、と声かけてみたりして。……そしたら、あれ？　なんか臭う、って」

正土くんは自分の大便を部屋の壁になすりつけていたのだ。

「やってくれましたねぇ。そんなことでこちらは折れられないから、一時間かけて全部掃除して、着替えさせて、バスに乗せて、何事もなかったように馬木葉クラブへ！」

また、ある月曜日の朝は、自宅から馬木葉クラブに行くのを頑なに拒んだ。行けば、その日はグループホームへ送られるだからだ。ほぼ皆勤に近い大好きな馬木葉クラブをボイコットするほど、正土くんの中で、グループホーム生活は受け入れがたいことだったようだ。ボイコットは一週間続いた。その間、町中でばったり壮さんに会ったとき、正土くんはうれしくて自分からにこにこ話しかけにいったという。

「正土の笑顔、久しぶりに見たわ」とお母さん。

大好きな馬木葉クラブと、どうにか避けたいグループホームを天秤にかける正土くん。彼の気持ちを尊重し、とうとう引っ越しはしばらく見送ることになった。おかげで今は、家で落ちついた生活を送り、馬木葉クラブの仕事もがんばっている。

それでも、親離れ子離れの時機を感じ、お母さんをはじめ、職員一同、歯をくいしばって正土くんの人生を後押ししていくつもりだ。

「今は辛いけど、ここで折れたら、自立のチャンスを失う！」

メンバーを施設の利用者以上に、大家族の一員として、泥臭くも真摯に付き合う馬木葉クラブの姿勢である。

進んで働き、人助け中の吏央くん

素直で優しいけれど、心配性でちょっぴり不器用。いろいろと不安が多く、自分のことで精一杯になりがちな吏央くんが、ある頃、急に変わった。

「お母さん、掃除機かけておいたよ」

仕事から帰って、留守番していた吏央くんから突然そんな言葉を聞いたお母さんはびっくり。

相手と心通わせることは簡単ではない

そんなことは初めてだったからだ。それから毎日の掃除機がけが始まった。まもなく、食べた食器を洗ったり、洗濯物をたたむことも日課に加わった。

「お母さん、疲れて帰ってくるから、手伝おうかなーって」

いたって素朴な理由。この心境の変化は、吏央くんにもはっきり説明できるものではないだろう。

背景にはまちがいなく、馬木葉クラブでの作業経験がある。休憩室に掃除機をかけることもあれば、作業用タオルや調理場の布巾をたたむこともある。給食の食器洗いに至っては、毎日のことだ。慣れた仕事を、家でもするだけのこと。

それまでは、好きな音楽を聴いたり、テレビを見たりして時間を過ごしていたそうだが、吏央くんの帰宅後は俄然忙しくなった。

「最初は食器洗いなど、やり直しが必要な状態のときもあったんですけどね。それとなくアドバイスしたら、ちゃんと次からきれいにやってくれるようになって、成長してるんだなと思います」とお母さん。

実は吏央くん、「適量」のサジ加減が苦手。短髪にもかかわらず毎日シャンプーもリンスもどっさり使ってしまうし、トイレのペーパーもがらがらと勢いよくたくさん使ってしまうクセがある。

「でも不思議と、食器洗いのときは洗剤が適量なんです。きっと馬木葉クラブで覚えたんだなーと。で、家でも改めて教えてみたら、シャンプーはあいかわらずなんですけど、トイレットペーパーの方は改善されてきて、最近は以前の倍も長持ちするようになったんですよ！　家計も助かってます！」

その馬木葉クラブでも、最近の吏央くんは進んで人助けをしている。調理場で使った布巾を消毒液に浸け置きし、帰りまでにすすいで干すのが日課になっているのだ。これはもともと、給食担当の宏美さんの仕事。それを、いつの頃からか吏央くんが進んで引き受けるようになった。時々、

「いっけない、忘れてたー」

と、帰り際に焦って、ばたばたと布巾を干すことも。

「吏央くん、それ私の仕事だから、たまにはいいんだよ」

と宏美さんが声をかけても、吏央くんは「宏美さんを助ける」という使命感でいっぱいだ。

誰かに「やりなさい」といわれたわけではない。自発的に職員を助ける仲間の姿に触発されたようだ。

生活の中の小さなひとコマだが、仕事を進んで買って出る姿勢は、新しい心芽生え。しかも、相手をラクさせてあげたいという動機があるところに、吏央くんらしい優しさがにじみ出ている。お互いに助け合ってチームワーク作業を進めてきた、その成果が、思わぬ形で現れているようだ。

馬木葉クラブが最優先、恭兵くん

仕事のスキルもさることながら、仕事に対する心構えに大きな変化があった恭兵くん。大の動物好きだけど、ペット禁止の集合住宅とあって家で動物を飼えない恭兵くんには、馬木葉クラブの存在は大きい。だから、いつどんなときも、馬木葉クラブを最優先させる。たまに通院などで馬木葉クラブに行くのが遅れても決して休まず、「午後の作業があるから！」と病院から馬木葉クラブに大急ぎで直行するほどだ。

「自分が行かなきゃ、誰が動物の世話をする！ くらいの勢いですよ。みんながちゃんとやってるっていうのにねぇ」といいながら目を細めるお母さん。

馬木葉クラブというところは、自分たちにしかできない、動物たちの世話という大事な役目がある場所だ。初めの頃のサボリぐせはどこへやら。大きな使命感がいつのまにか、恭兵くんの中にしっかりと根づいていた。

そして恭兵くんは、人を愉快な気分にさせるのがとても上手な男の子。ゴキゲンなノリで、場の雰囲気をぱっと明るくする。だから、たまに恭兵くんが来られない日は、なんだか馬木葉クラブにぽっかり穴が空いたよう。とくに昼休憩中の「ワー」とか「キャー」とかいう恭兵くんの明るい笑い声がないと、どことなくシーンとした感じすら漂う。

ミニブタにもきれいな水を用意したところ

そういうキャラクターだから、恭兵くんは対外活動でも大活躍する。革グッズの出張販売やニコニコ食堂に先陣切って飛び込み、とびきりのまん丸の笑顔でお客さんのハートをぎゅっとつかむ、馬木葉クラブの親善大使だ。

―恭兵くんは、動物が本当に好きだね
恭兵　うん、大好き。馬もヤギもブタも犬も好き。
―馬の仕事も好き？
恭兵　うん、好き。でも、いちいち作業着に着替えるのが、めんどくさい。服の上からすっぽり丸ごと着られるつなぎがあると便利だな。
―あぁ、恭兵くんきれい好きだから、服や時計が汚れるの、嫌がるもんね。
恭兵　あとは嫌なことはないよ。
―でも時々、壮さんに叱られてるね。
恭兵　一回、ウソついたとき、壮さん、すごーく怒ったよ。ぼくも頭にきたけど、みんなには「ごめーん」って謝った。
―叱られてる恭兵くんの方が、頭にきたの？
恭兵　だって、壮さんが怒るから……
―恭兵くんがよくないことしたから、壮さん、怒ったんでしょ？
恭兵　でも、怒るのは嫌なの。
―あぁ、そうかぁ、恭兵くん、楽しいのが好きだもんね。
恭兵　うん。

―だから、怒られても、しょんぼりしないんだー。
恭兵　しょんぼりしても、仕方ない。
―前向きだなぁ（笑）
恭兵　うん（笑）
―恭兵くん、高校を出てすぐに馬木葉クラブに来たでしょ。ほかの施設に行ってみたいとは思わない？
恭兵　思わない。ほかに行く気はしないよ。
―そうだね、ここ動物、いっぱいいるしね。
恭兵　うん。中標津の高校も楽しかったけどね。よく網もってきて、焼き肉して、お餅も焼いて、そのお餅で、きな粉餅と納豆餅と……（このまま大好きな食べ物の話に突入）

通い続けたくなるところ

これまでは、馬の仕事を担っているメンバーについて主に述べてきた。でも普段、外作業に従事しないメンバーにとっても、馬木葉クラブの意味は大きい。

馬木葉クラブから帰宅後、自宅で「やらなくてはいけない」仕事がたんまりあるのが、こだわりの強い自閉症の厚志くんの生活。納得いくまで部屋の掃除をしたり、食器を洗ったりしているうちに、寝るのが夜二時や三時、ときには明け方五時にもなる。それでも、朝はぱちっと起きて、身支度を整え、馬木葉クラブへ。

「馬木葉クラブ、好きなんですよねぇ。子どもが好きで通う施設が一番ですよ」とお父さん。

厚志くんは、自由な雰囲気の馬木葉クラブが大好きらしい。毎日付けている日記にも、馬木葉クラブでの出来事をちゃんと記入している。

「ぼくは古田先生（壮さん）の車に乗って馬木葉クラブへ行きました」

「ぼくは働きました」

「縦から斜めから横から（掃除機をかけました）」などなど。

なんだか、一日中みんなと一緒にばっちり働いているような内容になっているけど、実際は休憩室で昼寝をしていることが多い。自閉症という障がいゆえに、なんとなく別行動も多い。でも、ほかのメンバーと過ごすときは、当たり前の様子で輪に入っている。彼自身は馬木葉クラブの歯車に心地よく収まっているようだ。

そんな中、厚志くんは最近、馬木葉クラブの休憩室のティッシュの補充係を買って出るようになった。ティッシュがなくなると、翌朝、家のボックスティッシュをバッグに詰め込み、いそいそと持ってくるようになったのだ。ティッシュの使用量ナンバーワンは実は厚志くんだから、思うところがあったのかもしれないが、ほかのメンバーのように自発的に仕事を見つけてみたようでもある。

革グッズ製作は馬木葉クラブの収入を支える重要な仕事

尚美ちゃんと真由美ちゃんにとっても、馬木葉クラブはかけがえない存在になりつつある。

手芸など小物づくりが大好きな尚美ちゃんは、革グッズの製作が天職みたいなもの。本来はお話好きな性格なのに、おしゃべりもそこそこに、職員や手伝いのボランティアさん、お母さんたちに交じって、毎日せっせと手を動かしている。

超がつくほどマイペースな尚美ちゃん。彼女は昨年、別海（道東の町）から釧路へ引っ越してきたのを機に、馬木葉クラブに通うようになったが、しばらくは仲間の輪に入れず、ひとり製作コーナーにいることが多かった。お母さんによると、別海でも休日は町の公共センターのパソコン

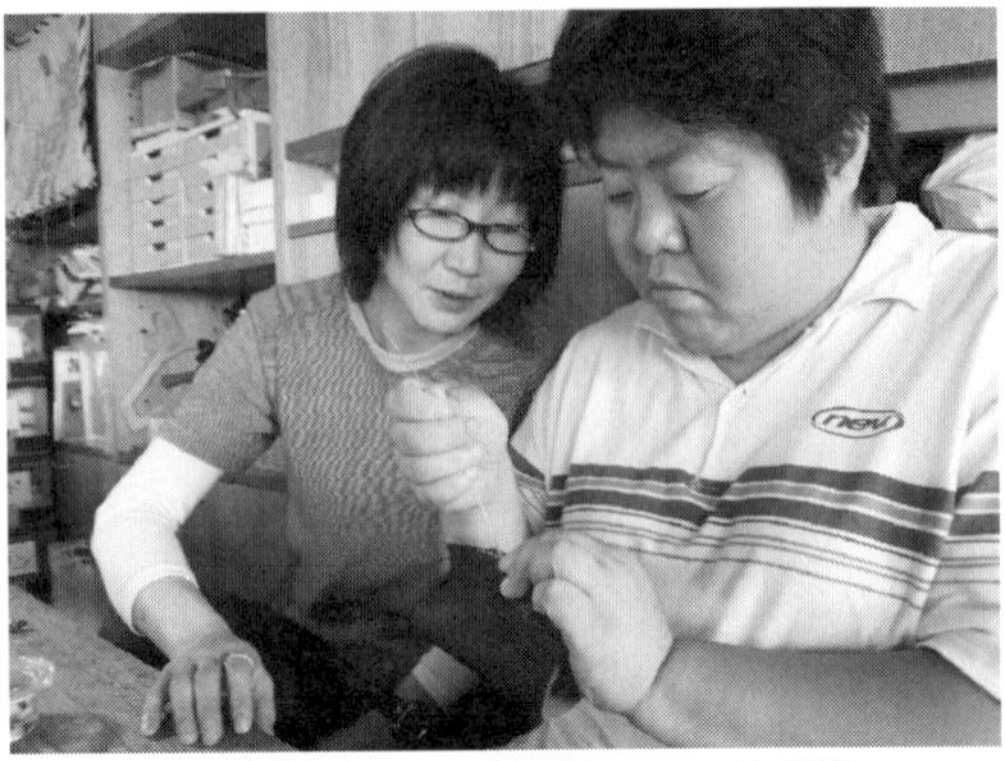

性に合わない作業でも、やる気が起こるから不思議

室で一日中、ひとりでインターネットをして遊ぶことが多かったというから、もとから内向的な性格だったのかもしれない。

しかし、馬木葉クラブの明るくのびやかな雰囲気に押され、次第にメンバーたちと時間を共有するようになっていった。最近は、休日に仲間と映画を見に行く楽しみができた。インドア派の尚美ちゃんが、少しずつ外へ飛び出している。そういう、人の心をほぐす雰囲気が馬木葉クラブには満ちている。

また、何かあるとべそをかいたり、逆にふくれっ面で外へ飛び出すといったびっくりするようなワガママが格段に減った。トラブルの対処法として、話し合いを重ねメンバー自身の納得の上に解決していく馬木葉クラブの方針の中、高ぶる感情をぐっと抑えて相手と向き合い、自分の意見を述べて対応できるようになってきている。室内作業のチーフという責任と自信も、彼女を強くしている要因なのでは、と職員は考えている。

いくつもの施設や職場を転々としてきた真由美ちゃんにも、馬木葉クラブの良さが近頃じんわりと身に浸みてきている。彼女はひとり暮らしが長く、社会経験もある。糖尿病のインスリン注射を毎朝自分で打つなど、身の回りのことはたいていひとりでこなす。その真由美ちゃんが馬木葉クラブを選んだわけは？

「紹介されて来てみたら、職員さんが優しかったから、いいなと思って」

何の因果か、漠然とした理由で通い始めた。糖尿病のため生活保護を受けている真由美ちゃんは、人に「無理して働かなくてもいいのに」といわれるそうだが、通院のない日は馬木葉クラブに来ることにしている。

「休みが多くてね、職員さんに迷惑かけちゃって、申し訳ないなと思ってるんだ。でも、家にずっといたら鬱《うつ》病になるよ。人と会って、話して、コミュニケーション取らなきゃならないの。馬木葉クラブはいいところだよ。人とのつきあい方も勉強できるし」

当初、通所の目的は、こんなに明確ではなかった。馬木葉クラブに通ううちに、だんだんとその意義がはっきりと見えてきたようだ。

というのも、最初はずいぶんとぶっきらぼうで、とても会話やコミュニケーションを楽しもうという感じではなかった。どこかやさくれていて、態度がよくない。

「いろいろなところを転々としたのは、職場の人間関係に問題があったのでは？」

と職員は思ったという。しかし、馬木葉クラブという大家族の中に溶け込むうちに、心がほぐれ、みんなと仲よくする楽しみ方も、相手に配慮した態度も身についていったようだ。今は、人との細やかなつきあいをめんどくさがらなくなっている。それもそのはず。

「私、すごくめんどくさがりなんだよね」

と自覚するめんどくさがりやが、宏美さんに教わりながら、革小物の製作にも挑戦し始めているくらいなのだ。

「あとね、お医者さんに、体重減らしなさいっていわれるんだ。馬木葉クラブは仕事がいろいろあるからいいよ。でも外作業はまだ無理。疲れやすいからさ。その前に体力つけないとね」

施設の掃除や草刈りなど、真由美ちゃんにもできる仕事が馬木葉クラブにはたっぷりあるので、健康のためにも、少しずつ体を動かし始めているところだ。

いつしか充実の生活

希実枝ちゃんにも、馬木葉クラブはなくてはならない場所。敷地に余裕があり、建物の内外を自由に動き回れる馬木葉クラブは、気晴らしのお散歩をできる場所がたくさんあって、それだけでも自由人の希実枝ちゃんにはぴったりの施設だ。以前は、気分の起伏が激しく、物に乱暴に当たったりして、職員の注目を浴びようとすることが日に何度もあったが、最近はすっかり穏やかになった。職員やメンバーの温かいまなざしの中、気ままにのんびりと一日を過ごす毎日だ。

―希実枝ちゃん、家ではどうですか？

妹　暴れなくなりましたねぇ。手がかからなくなりましたね。

母　静かにじっとしていることが、前はなかったから。

―表情もずいぶん穏やかになったみたい。

母　ぜんそくの発作がなくなって、体がだいぶラクになったせいもあるでしょうね。前は、毎晩吸入していて、心身ともに負担だったと思います。

―馬木葉クラブ、環境いいですからね。外で散歩したり、日光浴したり、いいでしょうね。

母　体がラクになると、表情も豊かになりますよね。前は、目がくっとなると、もう反応なくなって、何をいってもダメなことあったけど、今はそういうのないですね。

妹　馬木葉クラブを楽しんでいるみたい。

母　前の施設のときは、「おやちゅみ（お休み）」「行かない」っていうことあったけど、そういうことないもんね。

―クロポチとも仲よしだし、動物、平気になったみたいですね。

動物との触れあいから広がりゆくものがある

母　馬木葉クラブに来てなかったら、クロポチは飼えなかったかもしれないねぇ。

希実枝ちゃんは、前の施設の担当だった宏美さんが馬木葉クラブに転職するに際し、一緒に移ってきた。

「前の施設では、若い支援員さんが多くて、余裕がないというか、積極性に欠けるというか、希実枝に関わろうという意識が低くてね。だから一日中、ひとりで部屋で紙を破いて遊んだり、ぶらぶらしていたみたいだけど、宏美さんは違ったんだ。よく外とか連れ出してくれてね。だから宏美さんに付いて馬木葉クラブへ来た」

とお父さん。馬木葉クラブでは職員もメンバーも一緒になって、みんなでかわいがってくれるから、希実枝ちゃんにとって楽しい場所のようだと感じている。

彼女は、十八歳の一月にてんかんの発作を起こし、その後、表情も意思の疎通も乏しくなった。一方で、できたはずのことができなくなっている自分に苛立ち、家の中でたくさん暴れた。真っ裸で外へ飛び出すようなこともあり、家中、外側からカギを閉めていた時期もあるという。

「そんな生活から、希実枝が笑った泣いたと始まって、少しずつ昔の希実枝に近づいているんですよ」とお母さん。

「一〇〇のうち五十くらいは、戻ってきているかな。馬木葉クラブに来て、ずいぶん明るくなったし、先が楽しみだね。犬まで飼えるようになると思わなかったですよ」

愛犬のクロポチからは、教えられることもいっぱいあるし、よき遊び相手でもある。希実枝ちゃんの今は、馬木葉クラブ、家庭ともどもに充実の毎日なのである。

通いたいのに通えない

これまでには、さまざまな事情で、馬木葉クラブを去っていったメンバーがいる。

そのひとり、美子ちゃんは、太陽のように明るい女の子。もともと作業能力が高くて楽しい性格だけれど少しワガママが強かった彼女は、馬木葉クラブで、忍耐力や仲間への思いやりを着実に学び、一回りも二回りも成長していた。面倒見がよく、中心的人物として馬木葉クラブで活躍していたし、本人も馬木葉クラブが大好きだったけど、家族に通所を反対され、通い続けることができなくなってしまう。

三十歳に差しかかる年齢だったから、自分の生き方は自分で決められるはずなのに、彼女はどうしても家族の反対を押し切れなかった。

「馬木葉クラブに行くなといわれて、しばらく休んでいたときは悲しい気持ちで、早く戻りたかった。このまま通えなくなるような気がして、とても苦しかったし、悲しかったし、辛かった。家族から離れてひとりで暮らしてでも、馬木葉クラブに通いたいと思った」

美子ちゃんは、当時の手紙に書いている。

かといって、彼女に実家を飛び出す道など、そう簡単に選び取れるものではない。

まもなく、東京に住むお姉さんが出産を迎え、それを機に、美子ちゃんは産後の手伝いとして東京へ送られた。そのまま、半年以上も釧路へ帰れない生活を余儀なくされる。金銭管理は家族が行っているから、自由に使えるお金がない彼女は身動きが取れず、友だちのいない遠い地でしょんぼりと日々を過ごした。慣れない内地の夏の暑さにも閉口した。

東京で彼女に何度か会ったが、会えばいつも馬木葉クラブの話だ。

「あー、今頃みんな外作業してるねー」

「今月、誰の誕生日だっけ？　誕生日会どこに行ったかな」

「新しいメンバー、どんな人かな」

馬木葉クラブの仲間たちが、唯一の心の支えだったのだ。職員や親友の薫ちゃんとたびたび連絡を取り合い、勇気と励ましをもらいながら、東京の生活を乗り切った。彼女には、「家に帰りたい」よりも「馬木葉クラブに帰りたい」の一心が、気持ちの拠り所だった。中心的メンバーとして、薫ちゃんとともにみんなを支えているつもりだったけれど、東京に来て少し考えが変わった。

「私、みんなに、すごく支えてもらってる。職員やみんなに感謝しないとね」

これまで以上に、仲間の存在を大切に思う気持ちがふくらんだ。

ただし、帰郷後も、美子ちゃんの切望に係わらず、馬木葉クラブに通うことはままならなかった。家族というフィルターにかかって本人の意志が汲まれないという、残念な展開となった。本人と家族との意見調整は、馬木葉クラブが今後もぶつかるであろう大きな課題だ。

しかし、この一件は、美子ちゃん自身が自立について真剣に考えるよい機会となった。そこには、馬木葉クラブの職員の言葉がある。

「親は親、子は子。美子ちゃん自身の人生を歩むべきだよ。親は先に死んじゃうんだから」

「グループホームとか下宿とか、自立の方法はいろいろあるよ」

「美子ちゃんが決心したら、私たち、何だって手伝うから」

自立について、たくさんの意見をもらった。また、すでに自立生活を送っている薫ちゃんも、美子ちゃんにとってはいいお手本となった。

そこへきて、人生の大転機が訪れる。後に婚約者になる一郎さんとの出会いだ。一郎さんは、美子ちゃんに一目惚れした、とびきり優しいナイスガイ。美子ちゃんも、すぐに彼のことを大好きになった。

実は美子ちゃんは、ずーっと前から恋愛とか結婚に憧れていた。

「彼氏がいたら、楽しいだろうな」「将来はお嫁さんになりたい」「結婚して、子どもを育てたいなぁ」

女の子なら誰もが抱く、いたって素朴な憧れだ。「りっぱな人と結婚をしたい」ともいっていた。そこへ、いつも美子ちゃんを静かに支えてくれる、実直な一郎さんに出会ったのである。意気投合して、結婚話も急浮上した。ともに障害年金暮らしだけど、親たちも認めてくれた。美子ちゃんは、夢にまで見た結婚への道のりを歩き始めることに！

と同時に、家を出て自立生活できる期待も高まった。もちろん不安もいっぱいだけれど、ひとりじゃないから大丈夫。

ふたりはとても仲がよくて、結婚前からすでにおしどり夫婦。馬木葉クラブにも揃って顔を出している。愛情深く心優しい美子ちゃん。東京で、お姉さんの子どもたちの面倒を見ているから、乳幼児の子育て経験をたっぷり積んでいる。

「いつ赤ちゃんができても育てられる！　おむつ替えられるし、ミルクもあげられる！」と育児への自信たっぷりだ。

自分自身に自信をもつことは、ほかならぬ馬木葉クラブで学んだこと。そして、馬木葉クラブも、メンバーから抜けたとはいえ、今は大切な仲間の結婚を心から祝福し、応援している。

三障害一体の制度現場

馬木葉クラブは、知的障がい者の自立支援をする施設としてスタートした。だから、今も社会的自立の促進を方針とし、知的障がい者を中心とした活動を展開している。

ところが障害者自立支援法によって、「三障害一体化サービス」が唱えられるようになり、身体障がい者も精神障がい者も、希望があれば受け入れることを義務付けられた。元レストランの建物を利用した段差だらけの施設は、バリアフリーにはほど遠い。身体障がいの利用者が現れたら設備投資をどうしよう？　と職員は気がかりだ。今のところ、階段だらけの建物とでこぼこ道のこの牧場に、身体障がいを持つ希望者は現れていないが。

ここで、馬木葉クラブを去っていった透くんのことに触れたい。

彼は、メンバーの一員だったが、障害者手帳を所持していたわけではない。高校時代に馬木葉クラブを訪れたことがあり、卒業後はボランティアという立場で通っていた。とはいえ、送迎バスでの送り迎えや活動内容など、待遇はメンバー同様。それには理由がある。

透くんは気分の抑揚が激しい男の子だった。機嫌がいいときは作業をバリバリと人一倍がんばるが、逆に不調のときは、いかにも気乗りしない様子で作業をさぼったりする。長期的な波もあれば、日ごとの波もある。本人もその自覚があり、自分をコントロールしきれないことに苦しんでいたし、どこかほっとできる馬木葉クラブに心の安寧を求めた。障害者手帳をもたない彼を受け入れるための公的扶助はないのだが、求めるならそれに応えたい、と馬木葉クラブは彼を受け入れることにした。

というのも、透くんは大の動物好き。動物への思い入れが強い、というべきか。

彼は、小学生のときに精神病院に短期入院した経験をもつ。母親による育児放棄および虐待経験が遠因と思われるが、それ以来、ずっと苦しんでいる。

「家ではこづかれたり、机に頭叩きつけられたりしてたよ。頭から血が出たけど、母さんはごまかしたから、ほかの人は虐待のこと、気づいていなかった。ご飯くれないでしょ。腹減るから、万引きもしたよ」

そんなとき、透くんの心を癒してくれたのは、動物だった。

「動物にはすごく慰められた。動物がいなかったら自殺してたかも。だから将来は動物に恩返しできるような仕事、できれば自分で小さな牧場を開きたいんだ」

馬木葉クラブはそのための修行にぴったりの場だ。

「最初、ここに通うのには、すごい抵抗があった。普通高校出て、手帳もない俺がどうして、っていう気持ち。正直、今もときどき思う……でも、ここに来て、たくさん学べてよかったとも思ってる」

高校卒業後の進路。彼はもともと就職を希望していた。けれども担任の教師に、「しばらく馬木葉クラブに通ってみては」と勧められ、事が運んだという。友だちみたいに社会で働きたい、働けるはずだ！　という思いは、いつも彼の胸の内にあった。でも一方で、馬木葉クラブは心地よくもあった。それに、彼にとっては思いがけなく、すばらしい「大人」にめぐり会えたという。

「ここで、尊敬できる職員たちにいろいろ学ばせてもらった。大人でもまともな人いるんだな、というのが最初の頃の感想。人として学ぶべきことを学べたから、社会に出てきっと役に立つと思う」

彼はいつしか、ちょっぴり心の壁が薄くなったし、気分も穏やかになったし、自己中心を抑えられるようにもなった。本気で心配したり怒ったりしてくれる家族のような職員たちの真心や、メンバーたちの素直さに影響されたようだ。動物たちとのコミュニケーションも大きかった。「気分にむらがあると動物たちに全部伝わるから、動物の前では見せないようにしてるんだ」

そんな中、母親代わりで育ててくれた祖母への感謝、「何もしれくれなかった」という猜疑心から「実は虐待を知り、おばあちゃんの家に避難させたのかも」と父親を許容する気持ち、「なぜか虐待を受けなかった」という嫉妬心から「虐待現場に居合わせてかわいそうだった」と弟を気遣う気持ちなどが生まれ、胸のわだかまりが次第に解け出してもいた。

ただし、長年の蓄積による心の問題は、そうすぐに解決するものではない。あいかわらず日替わりで気分にむらがある透くんと、日々の作業をこつこつと地道に積み重ねるメンバーたちとは、どこかギャップがあり、職員はバランスをとって統括するのにひと苦労であった。両者のペースが違いすぎるのだ。

それでなくとも職員たちは、これまで知的あるいは身体障がいを持つ人としか接したことがなく、精神の不安定さを訴える透くんに何をしてあげられるか、経験的にわからなかった。透くんにとってためになる馬木葉クラブとは何か、迷いながら、悩みながら、ときにはケンカもしながら、試行錯誤を重ねるしかなかった。

けっきょく透くんは、一年七カ月後、ふいと辞めてしまう。

「就職することにした」そうだ。

透くんは「障がい者」ではないから、一般社会に働き口がいくらでもある。高校時代の友だちが社会に出てがんばっているのを見て、自分も、と思うのは当然だ。それでも、実社会に疲れて、馬木葉クラブにまた戻ってきたくなるかもしれない……。

最後の日、立ち去る彼に一恵さんはいった。

「いつでも戻ってきていいからね。馬木葉クラブの母さん（一恵さん）、姉さん（宏美さん）、兄さん（壮さん）、それに、仲間もいつもここにいるからさ」

透くんにとって、社会に出て揉まれることは必要だとわかっていても、でもやっぱり心配。一度縁があって、馬木葉クラブという大家族の一員となった大切なメンバーだ。これで終わりではないと、職員もメンバーも感じている。

ほかにも十八歳の女の子、奈美ちゃんが入ったが、すぐに辞めていった。精神障害者手帳の所有者だった。

奈美ちゃんはとてもおしゃれ好きで、毎月洋服をどっさり買っては、金欠を訴えていた。買ったわりには「私、太ってるから、似合わないー」と一度も袖を通すことなく、処分してしまう。職員にはその行動がまったく理解できない。

「全然、太ってなんかないよー」

何十回、何百回いっても、「自分は太っている」観は拭い去れないようだった。

ふたりとも情緒不安定な点は共通。また、どちらも生活保護を受けながらひとり暮らしをしていたが、無茶なお金の使い方をして、すぐに財布が底をつく。透くんは近所に住む祖母にお金を無心に行くし、奈美ちゃんは食費がなくなると救急車を呼んで、三食付きの精神病院に自主入院する。

「透、生活費の管理ができないと、いつまでたっても、自分の牧場つくれないよ」

「洋服をこんなに買ったって、お腹減って動けなかったら、しようがないっしょ」

馬木葉クラブが金銭管理に介入するわけにもいかず、こうした浪費癖に注意の言葉を掛けながらも、職員は歯がゆい思いで見守るしかなかった。

精神障がいの領域に触れることで、職員たちは、この「三障害一体化サービス」という聞こえのいい制度方針にははっきりと無理を感じた。「もっと彼らのためになることを!」と願っても、自分たちにその術がないのだ。とくに彼らが不調なときは、どう対応していいかわからず、家族的な心持ちで接することしかできない。

「三障害一体化サービス」は、現場レベルではさまざまな問題から十分な対応を尽くせず、サービスの提供者である施設に、ある種の負担を強いているのが実情だ。

山あり谷ありの成長

朝晩の冷え込みが残る春、あっという間に過ぎ去る短い夏、山々が色めき立つ紅葉の秋、厳しい寒さの冬と、四季を通してメンバーたちはすこぶる元気。全体に欠席も目立たず、いつも安定して仕事に精を出している。

実は、これはとてもすばらしいこと。というのも、障がいを抱える人は生活リズムに波が出やすいからだ。どこか不安定で体に変調をきたしたり、気分がすぐれないとか気持ちがさえないというメンタル面の浮き沈みがあったりして、施設を休みがちになるケースも少なくない。

ところが馬木葉クラブのメンバーの出席率は、完全に九割以上。体調も気分も、それぞれコンディションに波があるのは確かだが、少なくとも馬木葉クラブに来て働く、それが生きがいとなり、身体的、精神的に安定した生活を送れている。

「毎日、欠かさず働きにくる。それが彼らの思いのすべて」と一恵さんはいう。

メンバーたちは、胸の内を言葉にして述べることをあまりしない。自己を客観視して、今の自分やこれまでの変貌、これからの展望を描き、具現化するのは、ちょっと難しい作業。しかしひるがえれば、みんなの態度や行動に、そのときどきの思いがストレートに現れているのだ。

「開所当時のようにぐんぐん成長しなくても、地に足をつけて安定した毎日を送れることが、メンバーには何よりなんです」

外作業の様子を見守り続けてきた壮さんは、

「新しい施設に移ってきて最初の夏、作業能力が全体に落ちた時期がありました。暑さのせいも多少あると思うけど、きっといろいろなことを急速に吸収しすぎたんでしょうね。山の施設で新しいこと覚えて、こっちに移って、さらにもっと覚えることがあって、夏頃やっとひと段落。それで、がくっと気が抜けたというか。その後、少しずつみんな元に戻ってきたようだけど」という。

このように、メンバーの成長は決して右肩上がりではなく、この三年半の間、山あり谷ありだった。二年で一般就労に移行するのが原則の「就労移行支援」型では、このような長期的な取り組みはできないだろうから、事業登録の際に「就労継続支援B型」を選択してよかったと職員たちはつくづく思っている。

もちろん、初期の頃に比較すると、みんなめざましく成長し、仕事ぶりも格段にスキルアップしている。

薫ちゃんは以前に増して、リーダーとしての頭角をあらわし、仲間にもびしばしと指示を飛ばすようになっている。上は壮さんというボス、下は仲間のメンバーたちに挟まれた、いわば中間管理職。彼女の目下の目標は、「いかに上手にメンバーたちの仕事力を引き出すか！」。実社会でも困難なこの課題に、いろいろ悩みながらも、今ゆっくりと向き合っている。

彼女自身は、馬房掃除だけでなく、新しく覚えたさまざまな仕事をかなり手早くスムーズにこなせるようになっている。大きくておっかなかった乗用馬を朝夕、馬房から出し入れしたり、動物たちそれぞれに合わせて燕麦などの「栄養補助食」を用意したりと、新しい仕事は次々と増えている。

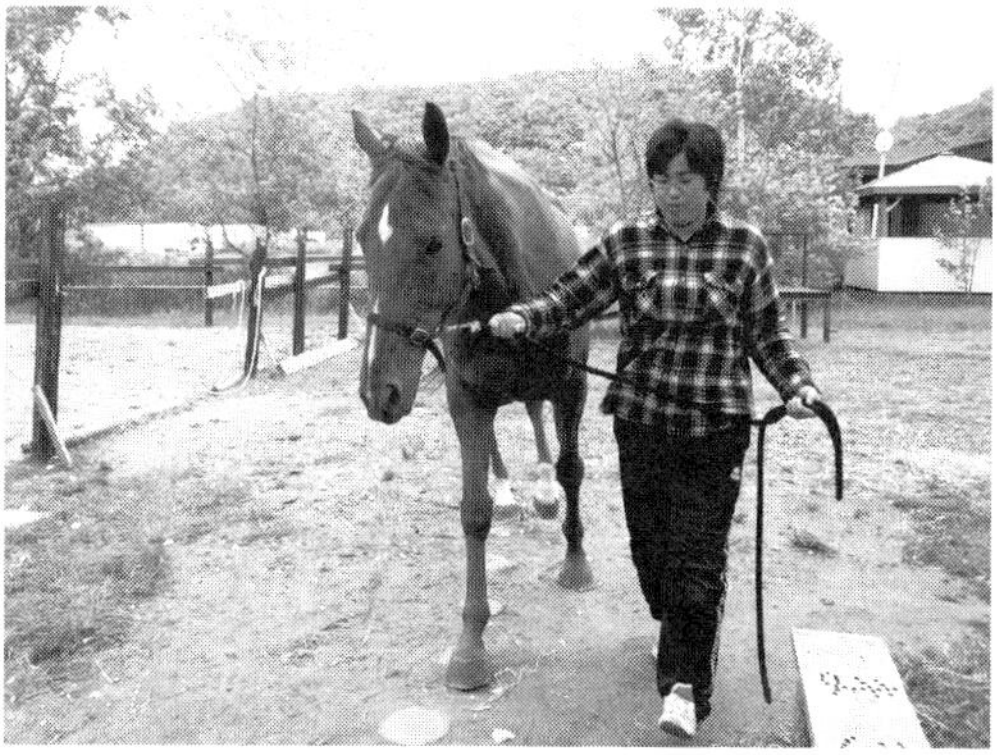
毎日のつきあいから、お互いの気分がよくわかる仲に

正士くんも、すこぶる好調。彼はもともと、体を細かく動かす作業が得意ではなかった。身体機能に問題はないものの、体の動きにややぎこちなさがあったせいかもしれない。ボロミ（大きなちりとり）でボロやゴミをざざっとすくったり、一輪車に集めたボロをボロ山まで捨てに行くような、比較的ざっくりとした作業に張り付いていた。それがいつのまにか、みんなと一緒にフォークを握って、馬房掃除をするように。フレキシブルな立場で、「今、手が足りないのはどこかな？」と自己判断し、気配り上手を生かして、積極的に作業をこなしている。

「徐々に現れた変化だから、いつどんなタイミングとはいえないけど、体を動かすことがとても上手になったような気がします」と壮さん。

小さめの雑居馬房をひとりで四苦八苦しながら掃除していた恭兵くんは、すでに平然と、隅々まできれいに仕上げられる達人に。体力のなかった頃がウソのようで、馬木葉クラブ一の力持ちとして仕事に励んでいる。「ふぅー、ふぅー」とすぐに暑くなるのはあいかわらずで、まだ肌寒い季節でもすぐに上着を脱ぎ、ランニングシャツ一枚に！　健康優良児のようないでたちがトレードマークだ。

仕事への姿勢は、吏央くんにも強く現れている。馬木葉クラブに通うことで、社会で仕事をしているんだという自覚が生まれている。馬木葉クラブで仕事をもらえなくなったら社会人として一大事。だから、「作業をうまくなって、立派に働きたい！」といつも真剣に考えている。

まっすぐな性格の吏央くんは、さぼったり手を抜くことは一切ないが、ちょっと不器用なところがある。一時、吏央くんは、馬木葉クラブに来られなくなった。仕事中の仲間の叱咤激励に翻弄され、真剣に悩まされ、自分の内にため込んで、とうとう馬木葉クラブに来るのを気後れするようになったのだ。行きたいけど行けない……。いわば不登校状態。職員も保護者も心配したが、少し様子を見ることにした。一週間ほど休んで復帰、を何度か繰り返すうち、彼に変化が現れ始めた。徐々に仲間の声を受け流せるようになってきたのだ。波はあるものの、ストレス耐性が上がり、強くなってきたようだ。チームワーク作業が主体の馬木葉クラブでは、ある程度の我慢が必要な「仕事仲間とのつきあい」も、こうやって身をもって学ぶことになる。

山あり谷ありとはいえ、改めて振り返ると、開所時に想像したよりずっとすばらしいメンバーの成長、そして仕事ぶりにめぐまれ、馬木葉クラブの職員はいつも歓喜の気持ちが絶えない。

可能性は広がりゆく

馬木葉クラブのメンバーは、元気はつらつで嬉々として仕事に取り組むのが魅力。彼らから発せられるパワーは、実に前向きでエネルギッシュだ。そして、平気で周囲の人々を、そのエネルギーの渦に巻き込んでいく。職員を含め、馬木葉クラブを訪れる人がどこか心地よさを感じるのは、そこにいるだけでメンバーたちのエネルギーをびしばしと感じ、そして家族的な温かさに包まれるからだ。そんな空気感に、「癒される」という人は多い。

ただし、メンバーたちは、初めからそのように元気いっぱいだったわけではない。仲間で一丸となって働き、動物たちを養い育てる中で、あふれんばかりの活力を培ってきた。そして、みなぎる自信。自分たちが日頃こなしている、ひとつひとつの作業に対する自信、仲間との連携における自信、馬木葉クラブを支えているという自信。そうした数々の自信が、彼らを強くしている。馬木葉クラブでは、どの仕事にも責任がつきまとう。責任感が、確かな自信を育んでいる。

何より、メンバーたちはみんな、仕事を楽しんでいる。働くことが生きがいになっている。自分の持てる力を発揮し、自分の働きを必要とされる、それによって健やかに暮らす者、動物たちがいる。その喜びは格別だ。自己の存在確立に対する自信や喜びが、揺るぎない足場を築き、そして新たな世界に目を向ける余裕が生まれる。みんなが仲間と遊びに出かけるのを楽しむようになったように、好奇心がふくらみ、行動範囲がぐんぐん広がる。

始まりは一頭の馬と、その世話すらおぼつかないひよっこたちだった。その後、わずか二〜三年で、馬、ミニチュアホース、ヤギ、ミニブタという大所帯になり、メンバーたちもまた、自分たちだけで動物を飼育できるプロ集団となった。活力の源は、まぎれもなく動物たちだ。動物が増えるたび、馬木葉クラブに一段と活気があふれる。

馬木葉クラブの施設環境は、まだまだ発展途上。メンバーたちも、これからますます伸びやかに、そしてたくましく暮らしを彩っていくのだろう。

第四章　馬の魅力やパワーがそこにはある

馬木葉クラブの魅力は、馬に尽きる。

メンバーたちは、馬を通じて、それぞれ花開くような変化が見られた。

しかし、これまで述べてきたように、馬木葉クラブの活動は必ずしも「馬の世話」と「乗馬」にとどまっていないようだ。むしろ、馬と直接は関わりのないシーンでの成長や活躍も多い。

それなのにどうして、馬なのだろうか。もっと身近な動物、例えば「犬や猫と暮らし、養い育てる施設」では、なぜいけなかったのだろうか。

馬ならではのアクティビティ

ホースセラピーという言葉がある。文字通り、馬に癒されるすべてのアクティビティを指す。乗馬は、その中の一端といえる。馬木葉クラブは確かに、一般に向けて障がい者乗馬を提供しているが、対象者が行うことは必ずしも乗馬がすべてではない。
一　馬に会うために外出する
二　馬を間近で見て、馬体の大きさを実感する

三　馬の首や背に触れたり撫でてみる
四　ニンジンや青草をあげてみる
五　馬と一緒に歩いてみる

こうした乗馬に至るまでのプロセスに実は大きな意味がある。

一　意欲を持って、体調を整えないと、外出はできないし、出先では社会性を要する
二　馬という大きな動物が、驚きや喜び、好奇心という、感性を刺激する
三　滑らかなボディ、ごわごわのたてがみなど、触る場所によって違う触感を味わえる
四　ニンジンや青草を求める馬と、コミュニケーションを図れる
五　様子をうかがう、足並みを揃えるなど、同調やシンパシーが生まれる　などなど。

とくに、子どもは思いがけない馬の大きさに怖がり、初回は乗馬できずに終わることが多々あるが、乗馬を怖がっても、馬には興味を示す子どもが多く、その気持ちをじっくりと育てることがホースセラピーの原点といえる。親は「せっかく馬に乗りに来たのに」という思いを拭いきれないが、それでいいのだ。

なぜか。馬にはそれだけの魅力があるからだ。

まず、一般に大型動物は、人を惹きつける力がある。容姿が美しいほど魅力も高まる。馬はその最たる動物といえるのではないだろうか。気品を漂わせる美しい馬体は、見る人の目も心

も和ませる。多くの人が馬に魅せられるのには、ひとつにはそうした、本能で感じる魅力が挙げられる。

その上で、人が気軽にスキンシップをとれるのが馬のいいところである。そんな大型動物は数少ない。力強く愛撫したり、もたれかかったり、さらには背にまたがったりというアプローチを、馬は優しく受け止めてくれる。成人が自分の体を丸ごと預けて安心できる動物なんて、そういない。こうした安定感あるいは包容力は、犬や猫では得られない、馬ならではの持ち味なのだ。

こんな大きくて魅力ある馬を「御する」快感は、段階的に知っていけばいい。馬のおもしろさは、障がいの有無に係わらず、感覚的な心地よさから始まるところにあるのだ。

馬がパカパカついてくる引き馬はダンゼンおもしろい!

さてここで、障がい者乗馬に話を移してみよう。
障がいを持つライダーが乗馬をするとき、身体的あるいは心理的な補助をするヘルパーと呼ばれるサポーターが何名かつくのが通常のルールである。
「危なくなる前に、ちゃんと体を支えるから、ぜったい落ちないよ、ぜったい大丈夫だよ」

「こわくなったら、いってね。すぐに馬を止めるからね」

ヘルパーの声かけとともに、レッスンは行われる。ライダーとしては、馬だけでなくヘルパーにも心身を預けることになる。そこには、ヘルパーへの信頼が不可欠だ。ライダーが馬上で不安になったり体を強ばらせたり、あるいは暴れることがあっても、次第に落ち着いて乗馬できるようになる流れの中には必ず、ヘルパーとの信頼関係の向上が伴う。その心の変移は、障がい者乗馬がもたらす大きな恵みだ。

ヘルパーは、必ずしも馬のプロである必要はない。たいていボランティアに依ることが多く、馬の性質や習性についてある程度の心得があれば、むしろライダーの安全性を考慮しつつ、心身のサポートを第一に行動できる人が求められるといえる。

一方、ライダーと馬との交流も大きい。馬は、コミュニケーション能力が高く、細やかに心を通わせることができる動物である。非常にデリケートな性質で、人の気持ちや感情にとても敏感。言葉に表さなくても、優しい気持ち、思いやり、あるいは恐怖心まで、馬にはすべて伝わる。ここが、身体的なリハビリテーションのみならず、心理的なセラピー効果を期待できる理由である。しかも馬は、ライダーの心理はもちろん、ヘルパーの心理状態もきちんと察知する。

障がい者乗馬は、ただ「馬に乗る」だけでなく、ライダー、ヘルパー、馬の三者の共同作業

といえるのだ。その中で、ライダーはさまざまな変化を得ていく。一般的に、障がい者乗馬に期待される好影響は……、

・馬体の温もりとストレッチ効果で股関節が柔軟になり、歩行がスムーズになる
・腹筋と背筋がついて、上体バランスがよくなり、姿勢もまっすぐになる
・馬の歩行のリズムや乗馬操作が、脳や神経を刺激し、運動機能の向上をもたらすというような身体機能の好転はもちろん、心理・情緒的な変化も期待できる。
・高い馬の背に乗ること、大きな馬を操作することが刺激となり、感性が豊かになる
・馬やヘルパーとの意思疎通を通して、コミュニケーション能力が上がる。
・馬に乗れること、そのものが自慢できることなので、自信と誇りを得られる

ここに述べたのはほんの一部の例だが、自閉症者の感情表現が広がる、視覚障がい者がスピード感や躍動感を実体験できるなど、障がいの種類によっても、その影響力はさまざまだ。

こうした変化は、一回騎乗しただけで目に見えて現れる人もいるが、継続は力なり。たいていは、半年、一年、二年……という時間の経過の中で、じんわりと変わっていく。当人や家族はもちろん、関わる人全員が、そうした過程で喜びや感動を分かち合えるのは、共同作業の賜物ではないだろうか。

何より、乗馬は楽しい。日常生活で何かとストレスを感じやすい障がい者にとって（もちろ

ん障がいがない人でも！）、日々のわずらわしさから解放されるひとときになるのではないか。

「馬と出会って、人生が豊かになった！」

そして笑顔がこぼれる。これが、一番の大きな変化かもしれない。

このようにレクリエーションとして親しまれている一方で、パラリンピックの馬場馬術に見られるように世界的な競技スポーツの正式種目として確立している側面もある。国によっては、たとえばドイツのように医療保険が適用され、身体機能のリハビリ療法として正式に認められている側面もある。活動形態によって解釈がさまざまなので、ここではことさら障がい者乗馬の定義を言及するつもりはないが、「乗馬」ひとつとっても、馬はこれだけ広い関わりをもてる動物だ。共に暮らすパートナーともなれば、馬の存在意義はもっと大きく、可能性も高い。

馬木葉クラブは、こうした馬への多角的なアプローチを大切にしている施設である。

馬がいる環境こそ、馬の恵み

ところが、馬木葉クラブでは、活動の中でメンバーが乗馬をする機会はあまりない。日々の仕事に追われつつ、「なんとなく」馬がいて、「自然に」青草をあげたり撫でたりする生活だ。

この「自然に」が、できるようになるまでが、実は成長だった。おっかなくて、なかなか馬に触れなかったり、遠くから腕を伸ばして青草をあげることしかできなかった人もいる。馬の方から「その、おいしそうな青草ちょうだい」とぬぅーっと首を伸ばされると、びびって、ぱっと手を離して青草を落としてしまうシーンもたびたびだった。通所半年目の真由美ちゃんなどは、今まさに、そういう状態にある。でもなぜか興味を持って近づき、そこから、少しずつ距離が縮まっていく。人によっては、長くゆっくりした道のりだ。

馬との触れあいやコミュニケーションが「自然に」にできるようになったのだから、メンバーが家で次々と犬を飼いだしたことからもわかるように、それぞれの他者への受け皿はぐんと広がっているといえる。

また、「なんとなく」馬が暮らす平和な生活は、飼育者であるメンバーたちが、馬に清潔で安心できる生活環境を提供できている現れ。馬のような大型動物を飼育するのは重労働だ。それを一手に引き受けているのが、メンバーたちである。暑い日も寒い日も、馬作業を毎日欠かさず根気よく続けるところに、身体的にも精神的にも大きな成長があり、学びがあった。自己の判断力や仲間との意思疎通によって進められる馬の仕事は、メンバーの自発性を促進したし、チームワークの育成にも大きく貢献した。

そして、何より愛情。壮さんをはじめメンバーたちの豊かな愛情を、馬をはじめ動物たちはしっかりと受け止め、それによって穏やかな暮らしを育んでいる。

「動物は愛情を注げば、目に見えるわかりやすい形で、すぐに反応が返ってきます。そういう、心のキャッチボールが、みんなの内面にダイレクトに響いたんじゃないかな。植物も愛情に応えてくれるけれど、スローペースだから、反応のいい動物たちの方がやっぱり伝わりやすいみたい」と壮さん。

みんなでただ馬を眺めるだけの静かで和やかなひととき

もともとメンバーたちはとても素直な心の持ち主ばかり。一度、コミュニケーションの方法を心得たら、その後はまっすぐに愛情を注ぐ一方だ。

実際のところ、馬木葉クラブのメンバーたちは、実に感性豊かである。動物たちとのコミュニケーション、仲間とのチームワーク、そして汗水たらして働く毎日の作業が、彼らの心を大きく揺り動かしているのではないだろうか。

けっきょく、馬木葉クラブの活動は、馬がいる環境、そのものの上に成り立っているところに意義がある。馬がいることで、お客さんが訪れる乗馬クラブを運営できるし、革グッズ製作や堆肥の製造といったさまざまな事業展開を行えている。馬がいなければ、動物たちに囲まれた暮らしも営めなかっただろう。

根本にあるのは、馬木葉クラブの信条。

「ホースセラピーや障がい者乗馬といった概念にとらわれず、馬とのアクティビティを自然な形で大切にしたい」

しかも馬木葉クラブは、まだまだ発展途上中。「馬と暮らし、馬を養い育てる施設」の将来に、もっともっと期待できそうで、楽しみだ。

馬に魅せられて大変身

ところでメンバーの中には、馬と出会い、馬と関わることで、生活そのものが大きな変貌を遂げた人がいる。吏央くんだ。

吏央くんは、馬木葉クラブが開所する以前の施設で、真吾さんの余暇支援事業に参加し、乗馬を体験してからというもの、乗馬の虜になった。

余暇支援事業で訪れていたのは、隣町、白糠の白糠乗馬クラブ。余暇支援事業の日には、オーナーの桑山さんが、「真吾くんが馬の経験あるんだから、みんなで好きに乗りなさい」と自由に使っていい馬を一頭用意していてくれていた。そこで、浦河の乗馬療育学校で経験を積んでいた真吾さん自らが馬のリードをとり、順番に利用者たちを乗せて、それぞれの障がいやペースに合わせた動きで馬場の中をくるりと歩いて回った。

白糠乗馬クラブは、釧路から車で三十分ほどのところにある。この乗馬活動は人気だったが、往復の交通費と騎乗料を考えると、余暇支援事業としては、そう頻繁に行えるものではなく、およそ一カ月に一度のお楽しみだった。

ある日、吏央くんは「もっとたくさん白糠乗馬クラブに行きたい」といい出した。乗馬の時間がたいそう楽しかったらしい。

「余暇支援じゃ、一カ月に一回しか無理だよ」

「余暇支援のとき以外は？　ほかの日に行っちゃだめ？」

真吾さんの返した言葉は……。

「家族の誰にも手伝ってもらわないで、ひとりで通えるならいいんじゃない」

その頃、高校を卒業したばかりの吏央くんは、外出時はいつも家族と一緒。ひとりで休日に出かけるなんて経験はなかった。バスと汽車を乗り継いで、隣町の乗馬クラブへひとりで行くという真吾さんの提案は、吏央くんにとってはものすごく突拍子のない計画。本人はやる気満々だけれど、さて、家族は首を縦に振るだろうか？

驚くことに、吏央くんのお父さんはすぐにこの計画に乗った。

「これから二十代の青年期に入っていく吏央くんの自立への一歩になるなら」

と乗馬クラブ通いを応援することにした。お父さん自身が馬好きで、乗馬をたしなんだ経験があることから、吏央くんが感じた乗馬の楽しさや馬への愛情に共感を抱いたのだろう。しかもなんとお父さんは、吏央くんが小学生の頃にすでに乗馬を習わせることを試みていた。そのときの吏央くんはおっかながって馬に近づけず、けっきょく彼のお兄ちゃんだけが乗馬を習ったのだが、その乗馬クラブが厚岸の小師牧場だったというから、何かの因縁である。

唯一、吏央くんの家族が気にしたのは、ほかのお客さんや乗馬クラブに迷惑を掛けるようなことはないだろうかということ。この点は、クラブを何度も一緒に訪れている真吾さんが「吏央くんなら、大丈夫！」と太鼓判。何より、桑山オーナーやクラブで働くスタッフたち、常連のクラブ会員さんたちの深い理解があって、計画を実行に移すことになった。

まずは、乗馬クラブに通う練習からスタート。自宅からバスでＪＲ釧路駅へ行く。そこで五駅先の庶路《しょろ》駅までの切符を買う。帯広方面のホームで定刻の汽車に乗って、庶路駅まで行って、降りる。そこから徒歩十五分の道のりを、白糠乗馬クラブまで歩く。このアクセスを、何度も何度も繰り返した。

吏央くんは、それまで金銭感覚がまったくなかった。というより、数字的なものにはからっきし頓着していなかった。そのため、運賃を支払うことの意味も、ぴんときていなかったようだ。

「最初は横について、いろいろとシミュレーションから始めました。でも軽く困ることも経験させたかったから、だんだん見てるだけに。わからないときは誰に聞けば教えてもらえるか、という練習もさせました」とお父さん。

お父さんとのゼロからの練習は長かったが、お父さんも必死なら、乗馬クラブに通いたい吏央くんも必死である。真吾さんとの練習も交え、やがてとうとう吏央くんは、運賃の支払い方を完全マスターし、ひとりできちんと乗馬クラブまで通えるようになった。それ以来、週末ごとに乗馬クラブに通い続け、早四年になる。

乗馬クラブではいつも、午前と午後の二鞍、騎乗する。落ちつきがあり穏やかなリスターという名の馬に乗ることが多い。吏央くんは、ほどなくひとりで馬に乗れるようになり、桑山

やっぱり乗馬は楽しいー！

オーナーに姿勢や手綱さばきの指導を受けながら、引き馬ではなく単独で乗馬するようになった。

　体が緊張しがちな吏央くんは、馬上で初めに時間をかけて体をほぐす。両肩をまわす、馬のお尻に手を伸ばすといった馬上運動を経て、レッスンに入る。現在は、止まる・進む・曲がるをぴたっとこなし、きれいな図形を描いて歩く常歩練習を続けている。

　課題は、「馬の動きにもっていかれないこと」

　向上心をもって、新しい課題に果敢に挑戦していた時期もあるが、一度落馬を経験してからは恐怖心が生まれ、吏央くんのレッスンメニューは只今横ばい中。それでも「乗馬をやめる」とは決していわず、楽しそうに乗馬クラブに通い続ける吏央くんを、桑山オーナーも馬木葉クラブのスタッフも、もちろん吏央くんの家族も温かい目で見守っている。

　白糠乗馬クラブでのんびりと過ごす休日は、何かと忙しない馬木葉クラブにはない悠揚さがある。レッスン時間以外は、クラブハウスで桑山オーナーやほかのお客さんとおしゃべりを楽しんだり、行きがけのコンビニで買った好きなお弁当を食べたりして、気ままな時間を過ごす。毎週いろいろなお客さんが訪れるから、変化があって楽しいし、馬木葉クラブと違って（！）なんとなくちやほやされるのもうれしい。

「吏央くん、お茶、飲むかい？」

「吏央くん、これ食べる？　おいしいよ」

吏央くんは心なしか、馬木葉クラブにいるより甘えた感じ。馬木葉クラブがオンタイムなら、ここはまさにオフタイム。家族や馬木葉クラブの仲間に干渉されない、吏央くんだけの世界だ。

今はもしかしたら、乗馬そのものより、むしろこの時間が楽しくて乗馬クラブに通っている部分もあるかもしれない。

—吏央くん、馬、好きだね。

吏央　うん、好き。

—吏央くんは、馬の何が好き？

吏央　馬に乗るのが好き。

—馬の作業や、馬に青草あげるのよりも？

吏央　うん、馬に乗るのが好き。

—落馬して、おっかなくなったんでしょ？

吏央　もう、おっかなくないよ。チャチャに乗って落ちたんだ。チャチャが走り出したから、「わーっ」と思って手を放したら、落っこちた。

—馬木葉クラブではあまり馬に乗らないよね。

吏央　うん、でも楽しいよ。みんながいるし。馬木葉クラブは、家族みたいなところでしょ。

―じゃあ、馬木葉クラブがなくなったら困るね。

吏央　うん、困る。みんなに会えなくなると、つまらなくなる。馬に会えなくなるのも寂しい。

こうして隣町の白糠へ行けるくらいだから、釧路市内のお出かけはへっちゃらになった。週末にはひとり家を出てバスに乗り、馬木葉クラブの仲間と遊びに出かける。お祭りやイベントがあれば、一日中めいっぱい楽しく遊ぶし、大好きなカラオケにもみんなと一緒に出かける。

「季節を抱くように、**強く強く**、ア〜ア〜ア〜ア〜、**ヤ〜ヤヤ〜ヤヤ〜ヤヤ〜**」（チャゲ&飛鳥「YAH YAH YAH」。お得意の一曲）

吏央くんは、一度その歌声を聞いたら忘れられない個性派シンガー。調子っぱずれで仲間に笑われることもあるが、自分の世界に没頭し、ドライブ感たっぷりで実に気持ちよく歌う。歌のレパートリーがとても豊富だけど、なぜか二十代とは思えない渋い懐メロや、アルバムの中の一曲など誰も知らない選曲が多く、「ひとり熱唱」に終わってしまいがちなのが残念なところ。

ただ、記憶力バツグンの彼は、曲を聴いたシーン（たいてい家族とドライブ中）を回想しながら歌うらしく、テンションが高まると歌の合間でそうしたシーンを忠実に再現するという、とてつもないパフォーマーである。

「お母さん、おにぎりとって」（シフトチェンジをしながら運転するお父さんの役）

「はい。お茶も」（おにぎりの包みをむいてあげるお母さんの役）
「ありがとう。吏央、うるさいぞ」（お父さんの役）
「ごめんなさい～」（自分の役）
すかさず、「ヤ～ヤヤ～ヤヤ～ヤヤ～」（再び、歌へ）
ひとり何役もこなしながらの会話と演技は、ちょっとした寸劇。みんなが、おかしくてゲラゲラ笑うから、吏央くんはおだって、もっともっと芝居がリアルになる。実際、ものすごい観察力と記憶力に感心させられるが、とにかく、吏央くんのカラオケは観る楽しさがあっていい。
そのほか、昔の歌でも正確に「○×のコマーシャルで流れてた」「○×のドラマの曲だった」と、仲間に教えてあげられる得意技もある。外の世界へ飛び出し、仲間と遊ぶようにもなった吏央くんの生活の変化は、地元番組「タンチョウてれびレポート」や「ほくほくテレビレポート」（ともに二〇〇六年春放映）でも放映された。
吏央くんのお父さんは「乗馬を通して、世界が広がった」という。
「以前は、さまざまなことを、促されてやっていた。でも乗馬に行く、ということを機に、そのためにはこうしなきゃ、ああしなきゃという風に変わっていったようです。そこから、世界が開けていった感じ」
お父さんは、日頃から吏央くんの自立生活を強く念頭に置いている。そして、自立に向けて成果のある活動を行う馬木葉クラブに、大きな理解と期待を示している。

「子どもがひとりでちゃんと暮らしていける場をつくってやらないと、親は安心して死ねないです。家族みたいな仲間や職員がいて、生き生きと働ける馬木葉クラブは、すごくいい環境」

最終的には、グループホームのような生活の場を、吏央くんに提供してあげたいともいう。

「人の面倒を見られるくらい成長してくれれば、集団生活ができます。たいしたことできなくても、やらなきゃならないという気持ちが大切。馬や動物の世話をする馬木葉クラブは、そういう気持ちが育つ場所」

最近、人助けの仕事が身についてきた吏央くん。お父さんの願いは着々と実っているのではないだろうか。

福祉社会でも馬社会でも注目

馬木葉クラブ。

ここは、確かに障がい者のための「福祉施設」だし、メンバーはその「利用者」で、職員たちは「支援員」なのだが、もはやその域を超えた場所なのは、これまで述べてきた通りである。

「馬木葉クラブは、家族みたいだよね」

吏央くんがいつもいうように、ひとつの大家族のようである。

また、職員たちはみんな、人生の先輩であり、社会経験の先輩のつもりでメンバーたちと接し、メンバー側も「先輩たち」のカッコいい働きに感化されて、仕事をがんばる。

このような関係がつくり上げられた、その基盤には、やはり馬との暮らしが息づいている。

一般社会では何かとケアされることの多いメンバーたちは、お世話される側ではなく、お世話をする側という意識のもとに、職員たちと力を合わせて馬や、かわいい動物たちの面倒を見ている。施設の運営を背負って働くのだから、メンバーたちが馬木葉クラブで果たす役割は、実際のところ大きい。そこに、「利用者」と「支援員」を超えた、一体感が生まれている。

この点、「支援員」が先生と呼ばれる習慣が未だ残る日本の福祉社会において、障がい者福祉施設の在り方に一石を投じることになりはしないだろうか。

さて、馬木葉クラブは、馬の世界からも注目されている。馬の持つ可能性に高い関心を持っている『小師牧場』の小師さんは、馬木葉クラブに大きな希望を託している。

彼は、競馬産業が斜陽化しつつある馬の世界の将来性のなさを真剣に憂慮している馬の生産者。サラブレッドやアラブに代表される、軽快な運動能力に長けた軽種馬と比較し、中間種馬を「乗用馬に向いているのでは」と高く評価するようになっていた。そして、適度なタフさと運動能力、温厚な性質を併せもつ中間種馬の生産に、数年前から力を入れている。当初は、同業者から「半端な馬をつくっている」と冷遇されることが多々あったそうだが、

「中間種馬には可能性がある！　これからの時代に合う馬たちだ！」

という信念を貫き、地道にがんばっていた。そこへきて、馬木葉クラブとの出会い。

「馬産業の世界は、若い人を育てようという意識が低い。逆に、若い芽をつぶす傾向です。そこへ、障がい者乗馬に力を入れたいという若者ふたり（真吾さんと壮さん）が、うちの牧場の馬を見にひょっこりとやってきたんです」

聞けば、障がい者乗馬には中間種馬がぴったりだという。

「新たな世界が広がるようで、心からうれしくなり、応援したいと思いました。若い彼らの活動を、意欲を、夢を、誰にも潰させず守りたい」

小師さんは、時折、近隣の福祉施設の障がい児を牧場に招いて、乗馬の機会を提供することがあったので、障がい者乗馬への理解はもともと深かった。でも、馬の生産牧場としては、それ以上の活動は難しい。志を同じくする馬木葉クラブに賭けてみたい気持ちになった。以来ずっと、馬木葉クラブの施設事情に配慮しながら馬を都合つけ、飼料なども全面サポートし続けている。

現在、中間種馬の乗用馬としての適性は広く認められるようになり、ニーズも上向きになっているそうだ。障がい者乗馬の世界でも、ライダーに合わせて馬を選定することの大切さ、そこにおける中間種馬の能力の高さが、次第に浸透し始めている。小師さんは、馬木葉クラブが中間種馬の活躍の一端を担うことに期待を抱いている。

ただし、馬を二頭飼育するのが経済的、人員的に難しい馬木葉クラブには目下、パルディナというアングロアラブ（軽種馬）しかいない。穏やかなおじいちゃん馬のサンタも、気のいい若馬の真も、所有を続けるのが大変で、小師牧場に帰ることになってしまった。小師さんの期待に添うためにも、また障がい者乗馬を推進していくためにも、馬木葉クラブ、とくに壮さんは規模の拡大・充実を図りたくて仕方のないところだが、現実はまことに厳しい。

馬木葉クラブの個性とは？

このように馬木葉クラブは、福祉の現場でありながら、馬の世界にも精通していて、二つの業界をまたぐポジションにあるといえる。ホースセラピーや障がい者乗馬を実践する上で、この点が実は非常に大きい。

先に、ドイツでは乗馬療法（主に身体機能のリハビリ療法）が確立していると述べたが、ここでは障がいを持つライダー、馬、ヘルパーの三者だけでなく、馬のプロであるインストラクター、医療のプロである医師や理学／作業療法士（PT／OT）とのコンビネーションが欠かせない。異業種のプロが連携を図ってリハビリに取り組む体制ができているのだ。医療と馬の世界が結託して布陣を敷くところに、より実効的な成果を見出している。

保険制度化も含め、日本で障がい者乗馬が医療制度にくい込むのは、おそらく至難だ。乗馬療法への興味や、それを評価する声は確かにあるし、障がい者乗馬の活動に携わる理学／作業療法士なども少なからずいるが、業界全体のムーブメントにまでは至っていないのが現状である。

一方、福祉の世界では、ホースセラピーや障がい者乗馬はポピュラーになりつつある。障がいを抱える人が乗馬を楽しんだり、あるいは不登校や引きこもりの子どもが馬との触れあいを通じて社会復帰をめざすというニュースは、もはや珍しくなくなった。

ただし、全国各地で行われている活動のほとんどは、フィールドが限られている。踏み込み具合に幅はあるが、馬の飼育施設が母体となって乗馬活動の場を提供しているケースがほとんどで、おのずと馬場内でのライダーの変化が主な対象となる。ライダーの日常生活の変化については、本人あるいは保護者、介助者に話を聞いたり、活動中の行動や態度から想像するしかないのだ。

その点、馬木葉クラブではメンバーたちのコンディションや変化に日常的に触れ、福祉職員としての包括的な視点から、馬とのアクティビティをアレンジできる。その上で、得られたものを日常に速やかにフィードバックできる。施設内に馬がいることの意味は、そこにある。

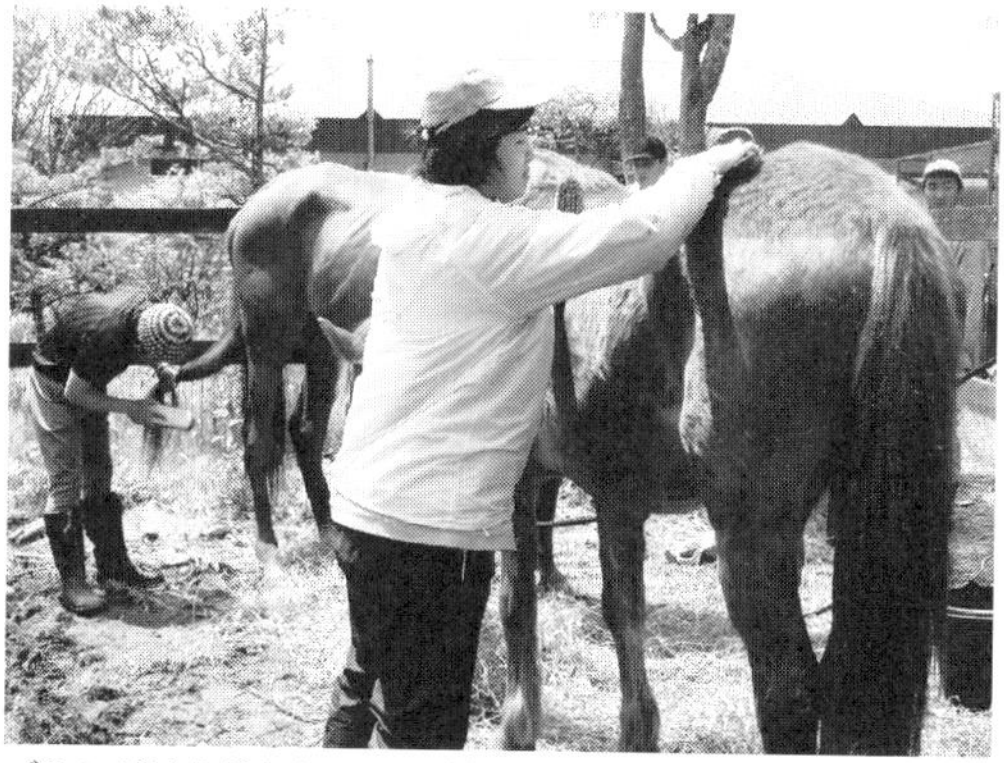
ブラシがけは馬としっかり対話できる濃密な時間

馬に触れる。

馬にブラシをかける。

馬にニンジンや青草をあげる。

馬房掃除をする。

馬に食餌や水を用意する。

そして、馬に乗る。

馬木葉クラブで行っている活動のひとつひとつは、決して特別なものではなく、どこの活動団体でも見られることばかり。ただし、馬との暮らしが、メンバーたちの生活そのものになっているところが、馬木葉クラブの活動の大きなメリットだ。

メンバーたちは、プログラムの一環でも、お手伝いでもなく、毎日の仕事として主体的に作業に取り組んでいる。みんなで一日どこかへ遊びに行く「誕生日会」や「遠足」の日でも、馬の世話は欠かさない。朝、施設に到着したら、大急ぎで手早く馬房掃除を行い、馬たちに新鮮な水と朝飼いをつけてから、遊びに出かける。

そこに、驚くほどの責任感と気概が生まれるのだ。

ここに、メンバーが書いた「わたし／ぼくの夢」というテーマの作文がある。人生において受け身な姿勢だった彼らが、いつのまにか、強い意志を持って、将来の希望をしっかりと掲げていることに、とても驚かされる。

「夢」—薫ちゃん
私の夢は、動物の気持がわかる人になりたいです。好きな動物が、元気にくらしていけるように、お世話をしたいです。どんなことをしたら喜ぶのか、どうしておこっているのか、ぐあいがわるくないのかなど、しりたいです。
私は、馬木葉クラブにいて、鳴き声、鼻息、けったりする足のうごきを見て、きげんがわるいのが、少しだけわかるようになりました。もっと、くわしいことがわかるようになって、動物と暮らせたら、幸せです。

幸せになるために、たけさんから勉強して、たけさんみたいになれるように、がんばります。

とても人見知りで内気な女の子だった薫ちゃんが、向上心を持って、能動的に仕事を覚えていく根底には、動物との暮らし、つまり幸せを希求する心があった。彼女は、今ここにある幸せを守っていこうと、努力している。

「夢」―尚美ちゃん
私の夢は、自分の店をもちたいです。私のしょうひんをつくったりして、人にうりたいです。人に、やさしい人に、なりたいです。おきゃくさんにやさしくして、うりたいです。自分のうりあげをもちたいです。一恵さんみたいに、やさしくして、物をつくったりして、物をうりたいです。ボランティアさんに、やさしくして、うりたいと思います。
内向的でワガママの強かった尚美ちゃんは、人知れず、「小物製作」という好きな道で食べていきたいと考えていた。しかも、人に優しく、ということを強く意識しているようだ。ワガママがぐんと減った理由が垣間見られる。

馬や動物のいる環境は、他者への優しさを、とても自然に、とても力強く、引き出してくれる。その点は、吏央くんの作文にも、如実に現れている。

「夢」—吏央くん（一部抜粋）

もっといい人になりたい。どうぶつのことをすごいだいじにする人になりたい。あとパルにのれるように作業をはやくおわらせるようになりたいです。ちょうしがわるくならないように、がんばれるようにもなりたいです。みんなみたいにおこられるのをすくなくしていきたいです。

それと僕のきもちは、学校の先生になりたいです。みんなにやさしい人にもなりたいです。それといつもやさしい人になれるようにがんばりたいです。

自分の子どもにもやさしい父おやにもなりたいです。すぐおこらないようにできるような人にもなりたいです。

（中略）

みんなといっしょになかよくまきばで作業をできるようにもなりたいです。

もともと人に対して優しい吏央くんだけれど、この作文から、いつも意識して、相手に優しさをもって接していることがうかがえる。したい、なりたい、やりたいことがたくさんあるのも、人生の夢がいっぱいふくらんでいる青年期の吏央らしいと、思わずにっこりさせられる。

彼が今、自信を持って生きている証だ。自信がなければ、夢も希望も抱けない。

自信、誇り、強さ、優しさ、喜び、楽しみ、希望……。

「わたし／ぼくの夢」の作文には、メンバーが馬木葉クラブで培ってきたすべてが集約されているようだ。

馬がいること。それは、馬木葉クラブという障がい者福祉施設の最大の魅力であり、強みである。馬のいる環境からすべてが派生している。

施設それ自体は歩き始めたばかりで、まだまだこじんまりとしているが、ここから生まれる小さな波紋は、メンバーはもちろん、家族やボランティアなど、関わる人々を着実に動かしている。

馬木葉クラブの存在が、福祉の世界を飛び越え、馬の世界、障がい者乗馬の世界に好影響を及ぼし、そして世の中をほんの少し動かして、障がい者にとって心地いい社会の実現に向かっていくことを願ってやまない。

あとがき

馬木葉クラブを最初に訪れてから、二年半が経った。いつのまにか私は、すっかり馬木葉クラブという大家族の一員になっている（少なくとも私はそう思っている）。東京から飛行機に乗って訪れるのだから、遠方の親せきといったところか。いずれにしても、取材対象にフォーカスする仕事と違って、馬木葉クラブのこと、みんなのこと、いろいろ知りすぎていて、一冊の本では言い尽くせないという感でいっぱいだ。

ただ、ひとつ、どうしても本に顕したかったのは、馬という非日常的な動物と過ごすことが、日本の福祉社会でも可能であり、それによって利用者であるメンバーたちが目に見えて変貌し、生活に笑いと楽しさがあふれ、能力発揮の可能性もぐんと高まったという事実。

もしも馬木葉クラブが存在しなかったら、今頃メンバーたちはどんな生活を送っていたろうか。時折、そんなふうに考えるが、とうてい想像できない。今、彼らが充実した生活を送っていることからも、「馬木葉クラブがあってよかった」に決まっている。

馬のアクティビティを、活動の一環としてでなく、生活そのものに取り入れる馬木葉クラブのような障がい者福祉施設が、全国にもっと増えてもいいのでは、という想いで執筆に入った。

実際のところ、馬木葉クラブを見ていると、一頭の馬を飼育することは、ある程度の敷地を保有する法人団体であれば、それほど困難ではないように感じられる。もちろん馬は安値な動物ではない。維持費も諸費用も必要だ。だが、それを多額の出費とみるか、妥当な金額とみるかは、馬がもたらす恩恵をどこまで実感し、生かせるかにかかっているのではないだろうか。

確かに、都市部での飼育はあまり現実的ではないし、馬にとっても幸せな生活環境とはいえないかもしれない。しかし、地域性とよき飼育者あるいはアドバイザーに恵まれれば、馬との暮らしは全国的に実現しうるとつくづく思う。ひと昔前は、日本中の農家で農耕馬が飼われていたのだから。

最後に、障がい者福祉の世界の、アニマルセラピーという分野の、さらに馬という非日常的な動物を対象としたテーマ性の絞られた内容にも係わらず、「道内に、こんなすばらしい活動をがんばっている施設があるなら応援したい」と出版に賛同してくれ、つたない筆の運びにも多々なる助言を惜しまれなかった共同文化社の長江ひろみさん、そして馬木葉クラブの楽しい雰囲気が伝わるような素敵な装丁を仕上げてくださったデザイナーの柴田佳苗さん、心から感謝します。また、この本を形にするべく全面協力いただいた馬木葉クラブの関係者各位、保護者やボランティアの方々、そして職員のみなさん、とくに今回表紙のイラストを描いてくれた壮さん、本当に大感謝です。何より、馬木葉クラブの魅力を全身で教えてくれたメンバーたち、ひとりひとりに、大きなアリガトウを伝えたい。

二〇〇八年十二月

大田　仁美

馬《ま》木《き》葉《ば》クラブを支える元気はつらつのメンバーたち

●外作業チーム

吏央（ryo）くん
（23歳）

素直でまっすぐで、ちょっぴり慌てん坊。乗馬、カラオケ、ギター、汽車に乗ることなど多趣味。毎週、隣町の乗馬クラブに通っている。

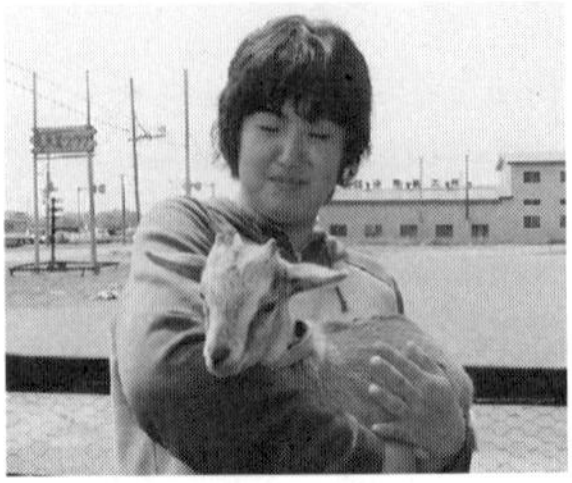

薫（kaoru）ちゃん
（32歳）

超・努力家のがんばりやさん。仕事でも遊びでも頼りになる、みんなのお姉さん的存在。趣味は映画鑑賞で、毎日必ず1本は観る。ホラー好き。

恭兵（kyohei）くん
（21歳）

ころころとまん丸体型の愛きょう者。食べるのが大好きで、家でお母さんと晩酌しながらテラスで焼き肉するのが至福。かなりのゲーマー。

正土（masato）くん
（31歳）

目配り気配り上手の、のっぽさん。毎晩、ビール片手にテレビでスポーツ観戦するのが日課。大好きなスポーツの話になると雄弁になる。

●室内作業チーム

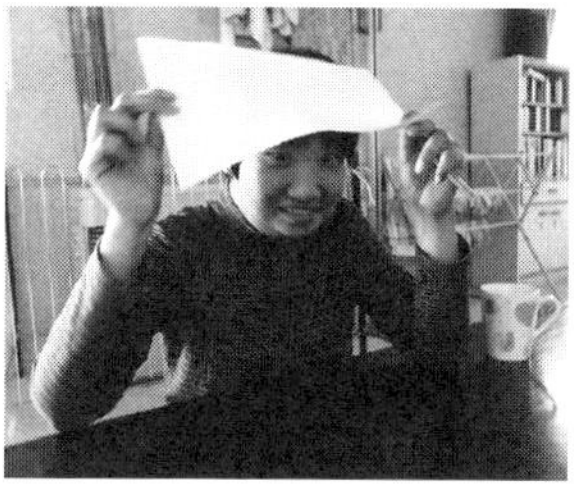

希実枝（kimie）ちゃん（30歳）

重度障がいを抱えるも、表情豊かで天真爛漫な女の子。極上の笑い声で、場を和ませるのが得意。お決まりの言葉は「あちゃ、ぷーぷー」

尚美（Naomi）ちゃん（35歳）

のんびりほんわかムードのオシャレさん。アクセサリー類が大好きで、革小物製作が得意。でも実はアクリルたわしづくりのエキスパート。

真由美（mayumi）ちゃん（29歳）

馬木葉クラブのニューフェイス。でも威勢のよさは、すでにナンバーワン。しっかり者だが、糖尿病を抱えているため室内作業に従事。

厚志（atsusi）くん（33歳）

色白でぱっちり目のナイスガイ。得意なのはそうじ。一度気になると、とことんキレイにしたくなる。機嫌が悪いときの口グセは「床拭き！」

●職員

壮利（taketoshi）さん

主に乗馬クラブ担当。馬の世話から乗馬指導まで、信念を持って徹頭徹尾で挑む青年。

一恵（kazue）さん

施設長・兼・販売部長。息子と同じ空手教室で黒帯を取ってしまった、自称やんちゃなおばさん。

真吾（singo）さん

前・施設長。馬木葉クラブの創設者。現在は老人福祉施設の職員として、深川にて奮闘中。

宏美（hiromi）さん

主に給食担当。いつもにこやかにメンバーたちを見守る、馬木葉クラブのムードメーカー。

夢
ミニブタ第1号。長女らしくおりこうさん。

ポー
かわいい顔してひとクセあるミニチュアホース。

パルディナ（パル）
現在、唯一の乗用馬。賢く、誇り高い。

アーサー＆音姫
夢ちゃんの、やんちゃな弟＆妹たち。

ダイダ＆ハイジ
人なつこくて奔放なヤギたち

馬木葉クラブは、障がいをもつ人の自立生活と就労を支援する作業所。でも、ちょっと変わっているのは、乗用馬やミニチュアホース、ヤギ、ミニブタなどと一緒に暮らしていること。ちょっとしたミニ牧場のような場所だ。そして、この動物たちの世話が、メンバーたちの仕事である。乗用馬がいるだけに、ここでは乗馬を楽しむことができる。それも一般のお客さんに向けて、乗馬クラブを運営している。挽きたてコーヒーが自慢の喫茶店も運営したりして、けっこう忙しい。そんな中、メンバーたちはみんな、毎日元気いっぱいで厩舎作業に取り組んでいる。

馬木葉クラブ MAP

ACCESS

NPO法人 馬木葉クラブ
〒088-0605
北海道釧路郡釧路町字別保原野南25線65-8
Tel & Fax. 0154-40-6060
URL http://www14.ocn.ne.jp/~makiba/

◆著者プロフィール

大田仁美（おおた・さとみ）
フリーランスの雑誌編集者＆ライター。動物雑誌をはじめ各方面で活動。人と動物との共生に目を向けた取材を進め、とくに犬と馬におけるアニマルセラピー及び動物福祉の分野におけるアプローチを続ける。訳書に『あなたがペットの安楽死を決断するとき』（ジュリアン）。

馬木葉クラブへおいでよ！
——あるホースセラピーのかたち

二〇〇九年二月十八日　初版第一刷発行

編著者　大田　仁美
発　行　共同文化社
〒〇六〇-〇〇三三
札幌市中央区北三条東五丁目五番地
電話　〇一一-二五一-八〇七八
http://www.iword.co.jp/kyodobunkasha
印　刷　株式会社アイワード

ISBN978-4-87739-156-0 C0095